꼬마빌딩 레벨업 재테크

월세 천만 원과 시세차익
만드는 빌딩 리모델링

꼬마빌딩
레벨업
재테크

임동권 지음

매일경제신문사

이 책은 중소형빌딩 리모델링의 이론과 실전을 망라한 책이다. 중소형빌딩을 소유한 사람이나, 준비된 자금으로 건물을 매입하려는 투자자, 또는 빌딩주의 꿈을 키워가는 선량한 현대인이 이 책을 읽고 실행하면 빌딩주의 꿈을 이룰 수 있도록 돕는 리모델링 교과서이다.

중소형빌딩 리모델링에 대하여 본격적으로 논하기에 앞서, 우리나라 중소형빌딩의 역사를 되짚어볼 필요가 있다. 6.25 직후 1953년의 서울은 말 그대로 폐허였다. 전쟁으로 쑥대밭이 된 상태에서 중소형빌딩들은 1950년대 말부터 남대문과 종로를 비롯한 도심권을 중심으로 서서히 들어서기 시작했다.

전쟁이 끝나고 평화가 정착된 1955년부터 해마다 100만여 명씩 태어난 베이비부머 세대가 성인이 되었을 때가 1980년대이다. 이때부터 폭주하는 주거 수요를 감당하기 위해 전국적으로 주택과 건물들이 지어졌는데, 현재 이들의 나이가 30~40세가 되었다. 그러다 보니 지금 중소형빌딩 시장에 나온 매물의 70%는 준공된 지 30년이 넘는다. 이쯤 되면 아파트는 재건축이나 리모델링 추진위원회가 구성되어 재개발사업이 일사천리로 진행되겠지만, 온전히 자신의 자본과 책임으로 건물의 성능 회복과 미관 개선을 위한 리모델링을 추진해야 하는 건물주나 투자자들의 경우에는 맞춤형 강좌나 서적이 부재하여, 리모델링을 계획하는 분들이 어려움을 겪는 것이 현실이다.

필자는 많은 사랑을 받았던 베스트셀러 《10년 안에 꼬마빌딩 한 채 갖기》의 저자로 지난 16년간 노후 중소형빌딩을 중개하면서 리모델링 컨설팅을 본업으로 수행해온 실전 전문가이다. 꼬마빌딩 투자자들을 대상으로 조선비즈와 매경부동산아카데미, 건국대부동산아카데미 등에서 꼬마빌딩 재테크 강의를 해오고 있고 에듀윌학원에서 빌딩중개와 리모델링 재테크를 가르치고 있다. 매일경제신문에서 중소형빌딩 리모델링 칼럼니스트로도 활동하고 있다. 또한 서울 시내 2만 5,000여 개업공인중개사들을 대상으로 서울시가 주관하는 연수 교육과정에서 '건물·토지 중개 실무'를 가르치고 있다. 현재는 중소형빌딩 리모델링 관련해서 국내 처음이라고 할 수 있는 박사논문을 쓰며 통과를 앞두고 있다. 이런 경험을 바탕으로 정보가 필요한 독자들을 위해 중소형빌딩 리모델링의 A부터 Z까지 세부사항을 이 책에 담았다.

필자만 알기엔 너무 아까운 리모델링 지식, 건설사나 건축사가 알려주지 않는 리모델링의 비법을 잘 설명한 이 책을 통해 성실하게 살아온 건물주나 투자자, 월급쟁이와 자영업자가 리모델링 재테크를 터득하고 실천함으로써, 은퇴 후의 풍요로운 삶을 누릴 수 있기를 바란다.

이 책은 먼저 리모델링 방식과 난이도를 기준으로 8개의 방식으로 분류했고, 각 방식별 실제 사례를 2~6건씩 총 44건을 상세히 기술했다. 국내 중소형빌딩 리모델링과 관련된 모든 정보를 이 정도로 방대하게 다룬 책은 없을 것이다. 공사 난이도별로 세분하고 각 방식별로도 실제 사례를 중심으로 공들여 다룬 책인 만큼 그야말로 리모델링 교과서라 할 수 있다.

필자가 이 책에 실은 사례는 서울과 수도권지역에서 수행된 리모델링 사례 중 모범적인 사례로서, 페인팅 사례를 비롯한 일부를 제하면 필자가 직접 컨설팅했거나 필자의 제휴 건설사들이 시공했다. 사전에 리모델링 내용을 수록하는 것에 대해 대부분의 건물주로부터 허락을 구했지만 시간적, 물리적 제약으로 미처 허락을 구하지 못한 사례의 경우 본 지면을 빌려 널리 이해와 양해를 구한다.

필자는 2008년부터 빌딩 중개를 전문으로 수행해온 중개사이다. 초기에는 수백억 원대의 중대형빌딩 중개에 매달리다가 3년 동안 1건도 성공하지 못하자 작전을 바꿨다. 100억 원 이하의 소형빌딩에 집중하기로 했고, 이를 실행에 옮기자 효과는 즉시 나타나 두세 달에 1건씩 중개 성사를 이뤘다. 그러던 중 리모델링된 매물이 수시로 접수되었다. 초반에는 '껍데기만 성형한 건물을 누가 좋다고 살까?' 하면서 건성으로 대했다. 그런데 그게 자꾸만 팔리는 것이다. '왜 팔리지?' 의문을 품고 리모델링 현장을 만나면 수시로 방문하여 내외부를 답사하면서, 리모델링이 껍데기만 바꾸는 성형술이 아니라는 것을 깨달았다. 그 후부터 리모델링 현장을 찾아다니며 공정을 체크하고, 사진을 찍고, 현장소장에게 물으며 리모델링에 대해 깊이 있는 지식을 얻게 되었다.

이런 경험을 바탕으로 2015년부터 꼬마빌딩 재테크 책을 시리즈로 출간하기 시작했다. 이 책들을 보고 필자를 찾아온 건물주들과 투자자들이 필자에게 의뢰한 리모델링 공사를 제휴 건설사들에게 연결하고, 공사기간 동안 현장에서 프로젝트 매니저 역할을 수행하면서 지식과 경험을 넓혔다. 한편 실전 경험만으로는 진정한 전문가가 될 수 없다는 생각으로 강원대 부동산학 박사과정을 이수하여 이론적 기초를 공고히 했다. 이론과 실무를 바탕으로 2023년에 필자가 쓴 중소형빌딩 리모델링 관련 논문은 2편이다.

오늘날 우리나라 리모델링 기술은 비약적으로 발전했다. 구조안전진단 기술은 건물을 부수지 않는 비파괴 방식으로 첨단기기를 이용하여 건물의 골조를 엑스레이 찍듯 훤히 들여다보고 압축강도와 인장강도를 정확히 측정한다. 증축되는 건물의 하중을 계산하고, 외피 부착에 따른 자중의 증가를 파악하여, 필요 부위에 적절한 보강과 보수를 지시하는 구조도면을 제공한다. 건설사가 그 도면에 따라 시공함으로써 골조의 성능을 신축에 가깝게 만든다. 이런 놀라운 발전 덕분에 리모델링 공사를 수행하면서 엘리베이터도 설치하고, 계단실도 이전하고, 증축도 병행하는 것이다. 단순히 현장 경험에 기초하여 어림잡아 구조보강을 하는 게 아니다. 지금의 리모델링은 과학이다.

필자는 평소 서울 및 수도권 지역의 빌딩 소유주들이나 빌딩 투자자들을 대상으로 리모델링 컨설팅을 수행한다. 낡은 건물 소유주나 건물 매수자들이 필자를 찾아오면, 입지분석과 상권분석을 수행하여 이를 기초로 입지에 최적화된 층별 임대구성(MD)을 해준다. MD구성에 맞추어 그에 어울리는 건물 디자인을 제시하고 의뢰인이 선택하도록 돕는다. 이후 필자가 자신 있게 추천하는 리모델링 시공사와 연결하여 의뢰인의 구상을 전달하고, 그에 따른 조감도와 가견적을 제시한다. 시공사에 가견적을 의뢰하면 대개 2~3주 걸리지만 필자의 경우 실전 경험을 바탕으로 1~2시간이면 실견적의 90~95% 수준까지 산출한다.

이후 건설사와 수차례 상담을 거쳐 공사범위가 설정되면 도급계약을 체결한다. 착공 후 필자는 수시로 현장을 방문하여 공사 진행을 점검하고, 시공사와 건물주 간의 의사소통을 원활하게 함으로써 공사 현장에서 발생할 수 있는 분쟁과 공사비 증액 요구를 방지하도록 힘쓴다. 또한 필자는 완공 후 달성 가능한 임대료를 산출하여 임대수입을 측정하고 이를 기초로 건물가격을 추정해본다. 이때 빌딩 매매 시장에서 팔릴 만한 임대수익률을 기초로 논리적으로 타당한 건물가격을 산출하는 것이다. 이를 기초로 준공 후 기대되는 매월 예상 임대수입과 처분 시의 자본이득을 제시한다. 이처럼 리모델링의 계획단계부터 완공 때까지의 과정을 통틀어 챙기고 있다. 이것이 진정한 리모델링 컨설팅이라 생각한다.

이 책의 1부에서는 리모델링의 이론을 기술하여 리모델링을 앞둔 건물주나 투자자들에게 이론적인 도움을 주고자 했다. 리모델링이 무엇인지 설명하고 중소형빌딩과 아파트 수명의 차이가 무엇인지 근거를 들어 밝힌다. 리모델링의 특징과 리모델링 시 주의해야 할 리스크 요인이 무엇인지 밝히면서 리모델링이 왜 재테크의 끝판왕인지 논리적으로 설명한다.

　2부에서는 리모델링 계획단계에서의 필수지식을 점검한다. 우리나라 중소형빌딩이 1970년대부터 2020년 현재까지 시대 흐름에 따라 어떻게 변천해왔는지 구체적인 사진자료와 함께 조망한다. 리모델링에 임하는 건물주가 알아야 할 최소한의 필수지식을 알기 쉽게 설명한다. 꼬마빌딩 투자에서는 아파트 투자에서 경험할 수 없는 공법적 지식이 필요하다. 자칫 간과했다가 투자원금의 절반을 날릴 수도 있는 도로법을 비롯하여, 건물의 크기와 가치가 달려 있는 용적률, 건물을 똑바로 올리고 싶어도 그럴 수 없는 제약인 일조권 사선제한이 무엇이고 어떻게 대처해야 하는지 상세히 설명한다. 또한 리모델링 시 증축을 겸하고 싶은데 주차대수를 충족하지 못하여 그럴 수 없게 하는 주차장법도 알아둘 만하다. 리모델링에 대한 아이디어가 부족한 경우 누구에게 컨설팅을 받아야 하며, 공사비는 어떻게 마련할지를 밝힌다.

　3부에서는 리모델링의 주안점과 예상되는 리스크를 다뤘다. 예상치 못한 문제가 발생하는 경우는 무엇이며, 그럴 때는 어찌 대처해야 하는지 설명한다. 건물 외관이 멋지고 중후하게 보이도록 패러핏을 설치하는 이유를 설명하고, 리모델링 계획부터 완공까지 절차를 알기 쉽게 설명했다.

4부는 이 책의 하이라이트이다. 쉬운 것부터 점차 난도를 높여가면서 리모델링 공사를 여덟 가지 그룹으로 나누어 총 44건의 실제 사례들을 다뤘다. 최소비용으로 건물 외벽을 페인팅으로 처리하는 방법, 건물의 단열성능을 높이되 최소한의 비용으로 처리할 수 있는 드라이비트 마감 방식, 외관에 알록달록한 디자인을 건물의 특성에 맞춰 컴퓨터그래픽으로 디자인하여 건물 외관으로 장식하는 방법인 아트패션시트, 수익성 제고를 위해 원룸이나 고시원으로 꾸민 사례들, 주택을 상가건물로 리모델링한 사례들, 기존의 상가건물에 증축을 하고, 승강기를 설치하고, 계단실 이전 등 고난도 리모델링을 한 사례들, 서울지역 유명상권인 홍대상권, 연트럴파크, 가로수길, 성수동 카페거리 등 총 44건의 리모델링 사례를 살펴본다.

5부에서는 빌딩주로서 초미의 관심사인 공실 증가에 대응하는 다양한 건물관리 요령을 설명했다.

　평소 묵묵히 생업에 정진하면서 알뜰살뜰 저축하여 미래를 준비하는 직장인과 자영업자들에게 이 책이 멋진 빌딩주로서 인생 2막을 여는 지름길로 안내하는 등대가 되어줄 것으로 기대한다. 빌딩주를 꿈꾸기에는 아직 이른 나이라 하더라도, 훗날 궁극적으로 빌딩주가 되기를 원한다면, 상식 차원에서라도 이 책을 일독하는 게 큰 도움이 될 것이다. 아파트 투자와는 전혀 다른 알아야 할 지식들이 여전히 많기 때문이다.

　중형급 빌딩주가 되는 길은 쉽지 않은 먼 이야기일 수 있겠지만, 꼬마빌딩주는 성실히 저축한 자본으로 적절한 재테크 방식인 리모델링을 곁들인다면 생각보다 쉽게 이루어낼 수 있다. 리모델링은 부동산 경기와 상관없이 실행할 수 있는 재테크 기법이다. 침체기에도 리모델링을 통해 낡은 건물을 신축급으로 전환해 임대료를 인상하고 건물가치를 제고함으로써 재테크 효과를 거두는 방식이다. 신축 공사비가 급등한 요즘 리모델링에 관심을 가지고 내재가치 좋은 매물을 발굴하여 실행한다면 훌륭한 결실을 거둘 수 있다. 지금 이 시간부터 희망과 자신감을 가지고 빌딩주의 계획을 세워 가슴 뛰는 미래를 설계해보자.

차례

5부 공실 증가에 대응하는 건물관리

중소형빌딩 리모델링을 이해하기 위해서는 먼저 철근콘크리트조 건물의 수명을 제대로 알아보고, 아파트 리모델링과 어떤 차이가 있는지 참고할 필요가 있다. 또한 리모델링의 특징을 살펴보고 미래를 전망해본다. 더불어 리모델링이 왜 재테크의 끝판왕인지 논리적으로 밝힌다.

1부

빌딩 리모델링의
특징과 전망

리모델링이란?

필자가 꼬마빌딩 리모델링 강의를 시작할 때 항상 하는 말이 있다. "우리나라 중소형빌딩의 70%는 준공된 지 30년이 넘었습니다. 그렇기 때문에 우리 주변에는 리모델링할 건물이 넘쳐납니다." 하지만 수강생들의 반응은 무덤덤하다. 왜 그럴까?

대한민국 꼬마빌딩의 노후화 실태

수강생들 대다수가 중소형빌딩의 나이에 대하여 평소에 관심을 두지 않기 때문일 것이다. 아파트에 대한 관심은 현대를 사는 우리 일과의 한 부분을 차지할 정도로 차고 넘친다. 미디어에서도 하루도 빠짐없이 아파트 매매동향을 퍼 나른다. 아파트는 30~40년 경과하면 재건축이나 리모델링 이슈로 떠들썩하다. 서울시는 신속통합기획으로 신속하게 재개발 추진을 돕는다는 등의 뉴스를 통해 우리의 관심을 계속 아파트에 고정시킨다. 서울 시내 주요 아파트단지가 얼마나 노후화되었는지는 매스컴에서 하도 떠들어대니 신경 쓰지 않아도 자연스럽게 알게 된다.

아파트만으로는 노후 대비가 부족해 보이고, 모아둔 돈도 좀 쌓이니 이젠 꼬마빌딩 재테크를 하고 싶어 온 사람들은 대개 건물 투자의 초보자이다. 그렇다 보니 우리나라 중소형빌딩들의 연령에 대한 기본적인 지식이 거의 없다. 중개업소를 통해 물건을 소개받고, 물건명세서에 나오는 건령을 체크한 후에야, "와, 뭐 이렇게 오래되었어요? 맨날 수리하다 볼일 다 보겠네요" 하는 식이다. 십여 건을 소개받아 보면 매물의 7할은 30년이 넘었다는 것을 알게 된다. 이런 실전 경험이 없는 사람들은 우리 주변의 건물들이 그렇게 나이가 많은지 모른다. 도로변 건물은 그저 지나치는 대상일 뿐이고, 그 건물에 있는 식당이나 카페는 예쁘게 인테리어되어 건물이 낡았다는 사실 자체를 인지하기 어렵다.

아는 만큼 보인다

실제 건물 투자에 나서 물건을 여러 건 소개받고 답사하고 느껴보면 알게 된다. 신축급 건물은 몇 개 안 되고 대부분은 리모델링 대상인 노후 건물이라는 것을. 건물 투자자는 리모델링 지식이 꼭 필요하다는 것을. 리모델링은 의외로 돈이 된다는 것을.

이제 건물에 대하여 관심을 가져보자. 건물도 수요가 있고 공급이 있다. 특히 노후 대비의 안전판이자 필수품인 꼬마빌딩의 수요는 지속되고 있다. 은퇴 후 보유하던 아파트를 처분하고 상가주택 등을 구입하여, 한 층에 거주하며 소일거리로 건물관리도 하고 임대수입도 얻으니 노후 대비로는 그만이다. 기존의 건물들은 대부분이 노화되어 마음에 들지 않는다. 그렇다고 신축 건물만 찾으려니 매물이 귀하다. 계속 신축만 찾다 보면 허송세월하다가 땅값이 올라 매수시점을 놓치기 마련이다. '그때 낡은 건물이라도 잡아놨어야 했는데…' 남는 건 후회뿐이다.

수요에 맞추기 위해서는 건물을 공급해야 하는데, 건물의 공급에는 신축뿐만 아니라 리모델링도 있다. 연구에 따르면 유럽에서는 건물 공급의 40%가 리모델링이라고 한다. 우리나라는 불과 15% 선에 그치는 게 현실이다. 그러나 앞으로는 리모델링을 통한 건물 공급률이 유럽 못지않을 것으로 전망된다. 그 이유는 첫째, 30~40년 경과된 건물을 더 이상 방치할 수 없기 때문이다. 누수 문제, 단열 문제가 심각하다. 상하수도관과 전기선, 냉난방설비가 낡아 제 기능을 발휘하지 못하여 교체가 시급하다. 둘째, 구조안전진단 기술과 리모델링 시공 기술이 비약적으로 발달하여 리모델링된 건물의 기능과 미관이 신축건물에 준하는 수준이 되었다. 그런데도 공사비는 절반 정도에 불과하여 가성비가 좋다. 셋째, 리모델링 후 임대료 상승으로 건물가치

홍대입구역 2번 출구 이면 동교로 변의 노후 중소형빌딩들

가 올라 돈이 된다는 것도 커다란 장점이다.

　이 책의 1부에서는 리모델링을 계획하는 건물주나, 건물을 매입하여 리모델링하려는 투자자들을 위한 리모델링 관련 이론을 상세히 설명한다. 자신이 알고 있는 상식만으로 리모델링에 임했다가는 큰코다칠 수 있다는 것을 이 책을 읽고 나면 전적으로 알게 될 것이다.

　위 사진은 홍대상권 이면의 도로변에 늘어선 낡은 건물들이다. 대부분 건령 30년이 넘었다. 비단 이곳뿐이겠는가. 관심을 가지고 자신이 거니는 도로변 건물의 모습을 살펴본다면 이렇게 낡은 건물들이 대부분임을 알 수 있을 것이다. 건물 투자자라면 인테리어와 간판에 가려져 잘 안 보이는 건물의 실상에 대한 관심을 갖는 것부터 시작해

분당신도시 구미동의 노후 상가건물들

야 한다.

　또 다른 사진 속 장소는 1기 신도시인 분당 구미동의 근린상권에 있는 상가건물들이다. 1기 신도시가 입주한 시점이 1990년대 초이므로 이 건물들 역시 나이가 30대이다. 겉보기엔 멀쩡할지 모르지만 실제로는 리모델링 시기가 도래하고 있는 것이다. 아파트에만 관심이 팔린 사이에 우리 주변의 건물들은 리모델링을 필요로 하며 늙어가고 있다.

빌딩의 종류와 정의

꼬마빌딩의 정의

3~4년 전만 해도 언론에서 '꼬마빌딩'을 다룰 때는 '소위 꼬마빌딩'이라 표기했다. 출처 불분명한 신조어가 널리 사용되고 있지만, 보통명사로 정착되기 전 단계에서는 그 단어 앞에 '소위'라는 수식어를 붙인다. 요즘에는 '꼬마빌딩'이 보통명사가 되어 매스컴이나 일반인들의 대화 속에서 자연스럽게 사용되고 있다. 그런데 필자가 여러 사전을 찾아보아도 꼬마빌딩이 정확히 무엇을 뜻하는지 나와 있지 않다. 꼬마빌딩에 관한 글을 쓰는 사람마다 제각기 다른 의미를 부여하며, 대중은 꼬마빌딩을 자신의 뇌리에 인식된 막연한 의미로 받아들이는 것이 현실이다.

이에 '꼬마빌딩' 용어를 처음 사용한 것으로 알려져 있는 필자가 꼬마빌딩에 대하여 어느 정도 정의를 내리고자 한다. 2015년 9월 첫 책으로 《10년 안에 꼬마빌딩 한 채 갖기》를 출간했고, 책은 좋은 반응을 얻으며 한 달 만에 종합베스트셀러에 올랐다. 그 뒤 제목에 '꼬마빌딩'을 넣은 책을 4권 더 출간했고, 베스트셀러의 영향인지 몰라도 2016년부터 전국적으로 꼬마빌딩 투자 열풍이 불었다. 언론에서도 '소위 꼬마빌딩'이라 하면서 기사를 쏟아냈다. 이후 필자를 따라 '꼬마빌딩'을 책 제목으로 붙여 출간한 꼬마빌딩 책이 많아졌고, 2020년경부터 매스컴에서는 꼬마빌딩을 말할 때 '소위'라는 수식어를 빼고 '꼬마빌딩'을 보통명사로 취급하고 있다.

필자가 2015년에 책 제목으로 꼬마빌딩 재테크 책을 처음 출간했을 때의 의도는 이러했다. 월급쟁이나 자영업자가 성실히 저축하며 살다 보면 은퇴할 시기쯤에 아파트 한 채 정도는 보유한다고 보았다. 이때는 자식들 교육도 끝난 시점이라서 큰돈은 안 들지만, 은퇴 후 연금만으로는 현대인에 어울리는 삶을 영위하기가 어렵기 때문에 고민이 크다. 따라서 잠만 자는 아파트를 처분한 자금으로 거주를 해결하고 생활비를 얻을 수 있는 조그마한 건물을 매입하여, 직접 관리하면서 평안한 노후를 맞이하자는 취지였다. 아파트는 보유기간 동안에는 거주를 해결하는 데 그치지만, 꼬마빌딩은 거주뿐 아니라 생활비도 얻게 해주니 안정적인 노후를 위해서는 영리한 선택이다.

2015년 출간 당시 서울지역을 기준으로 꼬마빌딩을 매가 10억 원부터 50억 원까지의 건물로서 임대료가 500만~1,000만 원 나오는 소형건물로 보았다. 은퇴자가 보유한 아파트를 처분한 자금과 매입하는 건물을 담보로 대출받아 구입할 수 있는 건물이 여기에 해당한다고 본 것이다. 이것들은 다가구주택, 상가주택, 상가건물, 오피스빌딩 등으로 제각기 불렸다. 이들을 한 단어로 통칭하는 것이 필요했고, 그것이 '꼬마빌딩'이었다. 그런데 지금은 필자가 생각했던 꼬마빌딩의 가격이 서울지역의 경우 2015년 대비 두 배 정도 뛰어서 강남권에서는 그 정도 규모의 꼬마빌딩이 100억 원을 훌쩍 넘는다. 따라서 가격을 기준으로 정의하면 시간의 경과에 따라 정의가 달라지므로, 가격범위는 배제하고 언제나 통할 수 있는 정의를 다음과 같이 내린다.

꼬마빌딩이란 월급쟁이나 자영업자가 평생 성실히 모은 자금으로 구입하여 은퇴 후의 생활비를 얻을 수 있는 규모의 수익형 건물의 총칭으로서, 규모가 지상 3층 내지 9층 이하이고, 연면적이 1,000㎡(300평) 미만인 건물이다. 이 범주에는 다가구주택, 다중주택, 상가주택, 상업용 건물, 업무용 건물 등이 속한다.

다가구주택

다중주택

상가주택

상업용 건물

업무용 건물

중소형빌딩의 정의

꼬마빌딩보다 조금 더 큰 규모인 '중소형빌딩'에 대한 정의도 통일되지 않은 상태이다. 필자가 '중소형빌딩 리모델링'을 주제로 부동산학 박사학위 논문을 작성하면서 수많은 선행연구를 참조했지만, 학계나 업계에서 통용되는 중소형빌딩에 대한 통일된 정의를 찾을 수가 없었다. 기관이나 연구자마다 제각각이다. 국토교통부나 부동산감정원은 건물을 소형, 중형, 대형으로 구분하고, 중형의 경우 25층까지라고 한다. 25층의 경우 일반인이 접근하기엔 심리적으로 층수가 지나치게 높다. 우리가 중소형빌딩이라고 말할 때 머릿속에 떠오르는 건물의 층수는 10층을 넘기 어렵다고 생각한다. 10층 이상인 건물은 중형빌딩이지 중소형빌딩이라 말하기는 어려울 것이다. 이 책에서는 기관별로 제각기 편의상 분류한 정의가 아니라, 건물주나 투자자들이 수긍할 만한 심리적 기준에 맞추어 다음과 같이 정의한다.

중소형빌딩이란 지상 3층 이상 9층 이하의 건물로서 연면적이 1만㎡ (3,025평) 미만이고, 주 용도가 업무시설, 소매시설 또는 업무시설이나 소매시설이 주거시설 등과 혼재된 복합시설이다. 구체적으로는 다가구주택, 다중주택, 상가주택, 상업용 빌딩, 오피스빌딩, 사옥 등을 말한다.

리모델링의 정의

리모델링의 어원적 의미는 '다시 틀을 만들어 주조한다'는 뜻이다. 이는 성형술에 비유할 수 있다. 누군가 특정 연예인의 얼굴을 닮기를 원한다면 손재주 좋은 성형외과 의사를 찾아가면 된다. 환자의 얼굴이 해당 연예인의 형태와 유사한 경우, 성형 결과는 꽤 비슷하게 나온다. 형태는 차이가 있어도 어느 정도 닮은 느낌은 난다. 건물 리모델링도 마찬가지이다. 지나가다 눈에 띈 멋진 건물을 닮고 싶다면 그렇게 할 수 있다. 그런데 성형은 외모만 고치는 것이지만, 리모델링은 외관뿐 아니라 내관까지 대수선하는 작업이므로 성형보다 작업의 범위나 난이도 측면에서 비교가 안 될 정도로 어렵다.

리모델링은 건축법과 주택법에서 각각 정의하고 있다. 건축법 제2조 제10호에서는 "건축물의 노후화를 억제하거나 기능 향상 등을 위하여 대수선하거나 일부 증축하는 행위"로 정의하고 있으며, 주택법 제2조 제25호에서는 "건축물의 노후화 억제 또는 기능 향상 등을 위하여 대수선하거나 증축에 해당하는 행위"라 정의하며, 준공 후 15년 이상인 건물을 대상으로 한다.

한국리모델링협회의 정의에 따르면 리모델링은 건물의 물리적, 기능적 노후화를 개선하는 방법으로 노후시설의 단순 수선에서 평면 개선 및 증축에 이르기까지 그 범위와 수준이 다양하지만, 구분 없이 포괄적인 개념으로 사용되고 있다. 그러나 리모델링이 신축이나 재건축과 구별되는 가장 큰 차이는, 기존 건축물을 완전히 허물지 않고 보존하면서 성능을 향상하는 데 있다고 한다.

리모델링에 대한 법규와 선행연구의 정의를 종합하여 정의하면, 리모델링이란 건물의 노후화 억제 또는 기능 회복을 위하여 대수선하거나 증축하는 행위로서, 기존 건물의 골조를 재활용하여 건물 내외부를 신자재로 재마감하는 건축행위라 할 수 있다.

아파트와
빌딩 수명의 차이

　우리나라 국민은 건물 수명에 대해서 대체적으로 일관된 생각을 가진 듯하다. 아파트든 중소형빌딩이든 구분 없이 수명이 30~40년 정도라고 생각하는 사람들이 많다. 그럴 만한 이유는 분명히 있다. 첫째, 법적으로 아파트는 준공된 지 30년이 지나면 재건축을 할 수 있다. 둘째, 30년이 지난 아파트는 문제가 많다. 바닥 난방배관이 막히거나 터져서 난방기능이 약해진다. 아랫목은 따뜻한데 윗목은 냉골이다. 수도관에서 녹물이 나온다. 수도관을 교체하려 해도 그럴 수가 없다. 벽체 속에 관이 묻혀 있어서 재건축 외엔 방법이 없다. 창틀의 실리콘이 들뜨고 균열이 발생하여 틈 사이로 빗물이 샌다. 페인트칠만 해놓은 외벽은 금이 쩍쩍 가 있다. 싱크대와 빌트인 가구들이 낡아 보기에도 흉하다. 30년 된 아파트는 임대도 잘 안 된다. 셋째, 1기 신도기가 개발된 1990년대에는 모래 공급이 딸리자 바닷모래를 썼다는 흉흉한 소문도 있어, 언제 무너질지 모른다는 막연한 불안감도 존재한다.

그러나 좀 더 냉정히 살펴보면 아파트 수명을 30~40년으로 보는 이유에는 경제적·사회적·정치적 고려가 복합적으로 작용한다고 생각한다. 가장 큰 것은 경제적 이유이다. 재건축을 하면 가격이 50% 이상 뛰니 돈을 벌기 때문이다. 재건축이 가능한 D등급을 받기 위해 외벽에 금이 가고 철근이 부식되어도 보수하지 않고 일부러 방치하기도 한다. 또한 30년쯤 사용한 아파트에 계속 거주하는 것도 성격이 급한 우리 국민의 눈높이에 맞지 않으며, 재건축하여 새 아파트에 거주하고 싶은 사회적 욕구와도 대치된다. 더불어 선거 때마다 재건축 활성화 전략으로 득표에 유리하게 작용하기를 원하는 정치적 이유도 있을 것이다. 이러한 이유들이 모여 아파트 수명은 30년 정도라는 인식이 정립된 듯하다.

반면, 건설업계는 중소형빌딩의 수명을 70~80년으로 본다. 유럽이나 일본의 경우 콘크리트 구조물의 수명을 60~65년으로 본다. 우리나라는 건설교통부가 2003년도에 제정한 '콘크리트표준시방서 내구성 편(안)'에서 철근콘크리트조 건물의 수명을 65년으로 정하고 있다. 정부도 최소 65년이라 공식화한 것이니 실제로는 관리만 잘하면 70~80년은 간다는 말이 그냥 하는 소리가 아니다. 건설업계에서 "철근콘크리트조 건물은 50년간 굳고 50년간 풀리므로 100년은 간다"라는 말이 회자된다. 즉, 잘만 관리하면 100년도 문제가 없다는 말이다.

아파트는 30~40년으로 보는데 중소형빌딩은 왜 70~80년으로 보는가? 가장 큰 이유는 바로 건물구조의 차이 때문이다. 아파트의 구조는 벽체식이다. 시멘트 속에 철근은 들어가지만, 중소형빌딩과 달리 아파트에는 기둥이나 보가 없다. 즉, 아파트는 모든 벽체가 하중을 받는 내력벽구조이다. 보와 기둥이 없기 때문에 아파트는 수명이 짧은 것이다. 그런데 중소형빌딩은 철근콘크리트구조이되 라멘조라 불린다. 즉, 내력벽과 슬래브가 있으면서도 하중 분담을 위해 추가적으로 보와 기둥이 있어, 아파트보다 구조적으로 훨씬 튼튼하다. 중소형빌딩에는 바닥 난방시설이 거의 없어 아파트처럼 20~30년마다 난방배관을 교체할 필요가 없다. 또한 중소형빌딩의 외벽은 페인트칠만 된 아파트와 달리 석재나 벽돌, 메탈패널 등으로 마감되어 있다. 이로써 콘크리트의 노화를 늦추어 수명을 연장시킨다는 것이 아파트와 다른 점이다.

강알칼리성인 시멘트는 공기 중의 이산화탄소, 수산화칼슘과 접촉하고 일광 및 풍우한설의 영향으로 중성화가 진행되는데, 중소형빌딩은 외벽 마감재가 이들과의 접촉을 상당 부분 막아주기 때문에 본체가 튼튼하게 버틸 수 있다. 이런 큰 차이 때문에 중소형빌딩의 수명은 최소 70~80년이 가능한 것이다. 이러한 이론적 기초를 토대로 30~50년 경과된 중소형빌딩을 적절한 구조보강과 보수를 동반하여 리모델링하면, 또다시 30~40년을 더 새것처럼 쓸 수 있다.

아파트와 빌딩 리모델링의 차이점

건설 시장에서 '리모델링' 하면 아파트 리모델링이 먼저이다. 세대 수가 많고 공사비도 크니 먹을 게 많아 규모가 있는 시공사들이 몰려온다. 이해관계자들이 여럿이기에 정부도 인센티브를 얹어 정책적으로 뒷받침해준다. 무슨 일이든 참여인원이 많아야 관심을 더 받기 마련이고, 집행 우선순위에 들어간다.

반면, 중소형빌딩 리모델링은 각자도생이다. 건물주가 알아서 수지분석을 해보고 시공사를 수배하여 자비로 공사해야 한다. 중소형빌딩주는 쪽수가 적은 데다 자산가라 치부되므로 정부의 정책적 도움도 미미하다. 중소형빌딩 리모델링의 본론으로 들어가기 전에 아파트 리모델링과의 차이점에 관해 상식을 넓히는 차원에서 간단히 짚어보면 다음과 같다.

아파트 리모델링은 서울지역의 경우 간헐적으로 진행되었고 사례도 많지 않다. 그동안 리모델링에 대한 대중의 인식이 우호적이지 않은 탓에 리모델링보다는 재건축을 선호해온 것이 사실이다. 그런데 도시재생사업 대상에서 큰 비중을 차지하는 1기 신도시의 나이가 30년을 넘다 보니, 재건축만으로는 재생사업에 부하가 걸린다. 이를 해결하기 위해 정부도 리모델링을 활성화해 재건축과 함께 양수겸장을 노리는 형국이다.

아파트의 리모델링이 가능하기 위해서는 몇 가지 선결조건이 있다. 첫째, 준공 15년 이상이라야 하는데 이 조건은 충족하기 매우 쉽다. 둘째, 안전진단에서 B등급을 받아야 수직증축을 할 수 있어 기존 대비 15% 이내의 세대수 증가가 가능하다. 만일 B등급이 아닌 C등급을 받는다면 수직증축은 안 되고 수평증축이나 별동증축이 가능하다. 리모델링에서는 골조가 튼튼해야 증축으로 인한 하중의 증가를 버틸 수 있으므로, B등급을 받지 못하면 세대수 증가로 얻는 일반분양을 통한 공사비 분담 효과를 거두기 어려워 실익이 적다.

고무적인 것은 5개 1기 신도시에서 리모델링 추진 동의율을 조사한 결과 60% 이상이 호응하고 있으며, 리모델링을 신청한 1기 신도시에서 B등급을 받았다는 소식도 들린다. 서울시에서 재건축을 앞둔 아파트단지들 대부분이 1970~1980년대에 준공된 데 비해, 1990년대에 지어진 1기 신도시는 30년이 경과되었음에도 안전진단에서 B등급을 받았다는 것은 우리나라 건축 기술이 그만큼 발전했다는 방증이다. 따라서 향후 1기 신도시를 필두로 아파트 리모델링은 활성화될 것이 명확하다.

아파트 리모델링 공사는 시공 측면에서 볼 때 재건축보다 까다롭다. 전부 싹 허물고 새로 처음부터 짓는 재건축과 달리, 리모델링은 철거할 때부터 바짝 긴장해야 한다. 조심스럽게 철거를 진행하고, 구조보강을 하고, 수직증축이나 수평증축을 수행해야 한다. 기존에는 주차장이 지상에만 있었다면 주차공간을 확보하기 위해서는, 동과 동 사이의 공간을 파서 지하에 주차장을 만들어야 한다. 이로 인해 공사기간이 제법 소요된다. 따라서 실제 공사기간과 비용은 재건축 대비 큰 차이가 없다.

반면, 중소형빌딩 리모델링은 재건축 대비 여러 장점이 있다. 먼저 공사비와 공사기간이 재건축의 절반 정도에 그친다. 둘째, 축조시점의 건폐율과 용적률을 그대로 인정받으므로, 초과용적률이나 초과건폐율을 그대로 활용할 수 있어 수익성 측면에서 매우 유리하다. 셋째, 건물구조가 철근콘크리트조인 경우, 기둥과 보가 있는 라멘조이기 때문에 수직증축에 매우 유리하다. 구조안전진단 결과에 따라 구조보강을 수행하고, 승강기가 없으면 이를 설치할 수 있다. 건물 외관에 현재와 전혀 다른 세련된 이미지를 입힐 수도 있다.

정부 정책의 지원이 적어서 그렇지, 잘만 하면 상당한 재테크 효과를 거둘 수 있는 게 바로 중소형빌딩 리모델링이다. 여기에는 초과이익환수제도 없다. 잘되든 못되든 오직 건물주의 몫인 것이다. 요모조모 따져보고 수지가 맞으면 추진하면 그만이다. 리모델링에 성공하기 위해서는 안목을 높여야 한다. 이 책은 안목을 확장하는 데 적지 않은 도움이 될 것이다. 이해될 때까지 여러 번 읽기를 권한다.

리모델링의 특징 및
리스크 요인

필자는 중소형빌딩 리모델링의 리스크 요인과 공사의 종류 체계에 대한 논문 2편을 발표한 바 있으며, 이를 발전시켜 작성한 부동산학 박사학위 논문의 심사를 앞두고 있다. 필자가 중소형빌딩 리모델링을 주제로 연구한 내용 중 리모델링의 특징과 리스크 요인에 대하여 다음과 같이 축약하여 기술하니, 리모델링을 앞둔 건물주나 투자자들은 참고하면 도움이 될 것이다.

리모델링의 특징

중소형빌딩 리모델링에는 다음과 같은 다양한 특징이 있다. 첫째, 낡은 건물을 리모델링하는 경우 기존 건물이 지어질 당시의 법규상

기득권을 인정해주기 때문에, 현재의 법규를 적용하는 것보다 면적이나 주차대수 등에서 유리한 조건을 확보할 수 있다. 과거의 용적률만 하더라도 1999년 이전에는 일반주거지역에 용적률 200~400%를 인정해주었으나, 현재는 150~250%까지만 인정해주고 있다. 즉, 과거 축조시점에 300%를 인정받은 2종일반주거지역에 지어진 건물을 허물고 서울지역에서 재건축하려면 용적률 200%가 상한선이지만, 리모델링에서는 기득권을 인정받아 300%를 유지할 수 있다. 이렇게 재건축과 비교하여 초과용적률을 활용할 수 있으므로 수익성 측면에서 엄청나게 유리하다.

둘째, 리모델링이 신축과 다른 두드러진 특징은 신축에서의 철거는 구축 건물을 전면적으로 철거해야 하는 반면, 리모델링에서의 철거는 골조는 남기고 잔여 부착물을 주의 깊게 철거한 후 신자재로 다시 마감한다는 점이다. 따라서 골조 재활용으로 건축비를 절반 가까이 절감할 수 있다.

셋째, 리모델링 공사는 현장조사가 비파괴 검사에 의한 방식으로 이루어지므로, 건물의 규모를 실측하는 것 외에 마감재 내부의 상태까지 모두 파악하는 것은 어렵다. 더구나 기존 건물에 대한 건축설계 도면이나 구조도면이 확보되지 못한 경우, 설계 및 견적단계에서 예상치 못한 문제점이 철거 후 시공단계에서 발견되기도 한다. 그러면 공사를 멈추고 설계변경을 해야 하고, 이에 따라 공사비가 증액될 수 있으므로 건물주와 분쟁이 발생하기도 한다.

넷째, 2000년 이전에 축조된 건물에는 승강기가 없는 일이 흔하므로, 리모델링 시 건물 활용도 제고 차원에서 승강기를 설치하는 경우가 많다. 이때 건물의 계단실을 철거하고 승강기 관로를 신설하거나, 화장실이 위치한 공간에 홈을 파서 그곳에 승강기 관로를 설치할 수도 있고, 건물 외벽에 승강기 관로를 덧붙이는 방식으로 설치하기도 한다.

다섯째, 철거 후 드러난 골조 상태가 부실하거나, 승강기 설치에 따른 계단실 재설치 및 증축을 겸한 대수선의 경우 내진설계와 구조보강이 필수적으로 수반된다.

여섯째, 리모델링 공사는 소음과 분진이 많이 발생하는 토목공사와 골조공사 공정이 생략되거나 최소화되기 때문에, 비교적 민원이 적은 특징이 있다.

일곱째, 구축 건물의 용적률에 여유가 있으면, 일조권 사선제한과 주차장법에 저촉되지 않는 범위 내에서 증축을 할 수 있다.

여덟째, 건물 외관을 신축에 준하여 개선할 수 있다. 건축자재와 시공기술의 발달에 따라, 기존 건물의 외벽이 붉은 벽돌로 마감되었든 드라이비트나 타일, 석재, 메탈 등 그 어떤 자재로 마감되었든 상관없이, 외벽에 적절한 하지작업을 거쳐 건물주가 원하는 현대적 디자인으로 외관을 변경할 수 있는 것이다.

아홉째, 전기 · 통신 · 설비 시설의 수명은 대체로 15~30년이다. 즉, 20~30년 정도 경과한 중소형빌딩은 골조는 튼튼하지만, 인체의 소화기관 내지 신경기관으로 기능한다고 볼 수 있는 전기 · 통신 · 설비 시설은 기능의 열화로 교체해야 한다. 이런 노후 건물을 리모델링할 때에는, 모든 설비를 전면적으로 교체함으로써 신축건물과 같은 기능을 발휘할 수 있는 것이다.

열째, 일반적으로 신축 공사에서 토목공사와 골조공사에 소요되는 비용은 대략 전체 공사비의 48% 정도이다. 따라서 리모델링은 신축 공사에 속한 토목공사와 골조공사가 생략되므로, 신축 공사의 절반 정도의 비용 투입으로 신축에 준한 효과를 얻을 수 있다.

마지막으로, 신축 시에는 기존 건물의 모든 임차인을 퇴거시켜야 함에 따라 명도비용 지출이 과다하지만, 리모델링에서는 권리금이 높아 명도비용이 큰 1층 임차인을 유지한 채 공사 진행이 가능하기에 명도비용을 획기적으로 줄일 수 있다. 중형급 빌딩처럼 규모가 있는 경우에는, 전 층의 임차인을 유지한 채 야간과 주말 시간을 이용하여 공사를 진행하는 융통성을 발휘할 수도 있지만, 대신 공사기간과 비용이 많이 소요된다.

리모델링의 리스크 요인

리모델링도 건축업의 한 분야인 동시에 사업이다. 모든 사업을 진행할 때는 반드시 리스크가 있기 마련이다. 이를 간과하면 위험이 발생할 수 있으므로, 사전에 철저히 분석하고 대처방안을 강구해야 할 것이다. 리모델링 사업의 성공을 위해서는 사업단계별로 예상되는 리스크를 사전에 차단하거나 대안을 마련해야 한다. 이 책에서는 리모델링 프로젝트의 리스크 요인을 준비단계, 개발단계, 준공단계, 관리단계 등 4단계로 나누어 살펴본다.

필자의 경험에 따르면 리모델링 프로젝트의 리스크 요인에는 총 25개가 있다. 전체 리스크 요인에 대해 전문가집단을 대상으로 설문하여 상대적 중요도를 분석한 결과, Top 5 순위를 살펴보면 다음과 같았다. 1위 '시장조사 오류', 2위 'MD구성 실패', 3위 '현황도와 실물 불일치', 4위 '유능한 시공사·건축사 미확보', 5위 '철거 후 불일치' 순으로 나타났다.

경험과 연구를 바탕으로 다음과 같은 결론을 얻을 수 있다. 첫째, 신축 사업과 마찬가지로, 중소형빌딩 리모델링에서도 사전에 실시하는 '시장조사와 자산분석'을 철저히 해야 사업 성공을 기대할 수 있다. 개발사업의 보편적 원리가 중요하다.

둘째, 시장분석단계에서 유사 건물의 매매가나 임대료를 조사하는 '시장조사' 못지않게, 해당 상권과 입지에 최적화된 'MD(임대구성) 계획'의 중요성이 입증되었다. 공사비를 부담하는 건물주의 입장에서 볼 때, 당연히 리모델링의 최우선 고려 요인은 완공 후 임대소득 증가를 통한 자산 증식이다. 공사를 직·간접적으로 수행하는 전문가집단도 'MD구성 실패'를 '시장분석'과 함께 가장 중요하다고 보았다. 입지에 최적화된 층별 임대계획은 리모델링 전 단계에서 매우 세심한 고려가 필요한 요인인 것이다.

셋째, 리모델링 대상 건물에 대한 분석인 자산분석단계에서, 기존 건물이 건축물현황도와 다르게 도로를 침범하는 것과 같은 '현황도와 실물 불일치' 문제가 없는지, 사전에 철저한 조사가 필요하다. 이는 25개의 리스크 요인 중 3위를 기록할 정도로, 리모델링을 추진할 때 지대한 영향을 미치는 요인인 것이다.

넷째, 리모델링 공사를 잘하기 위해서는 시공 경험과 능력이 축적된 시공사와 리모델링에 특화된 설계와 디자인 능력이 출중한 건축사를 만나는 것이 매우 중요하다. 필자의 경험을 바탕으로 리모델링업계의 시공사들의 내공을 평가하자면, 승강기 설치나 계단실 이전, 증축을 겸한 공사 등 고난도 공사에 능한 시공사는 많지 않다. 반면, 고난도 공사가 아닌 중간 수준의 공사를 수행하는 시공사는 많다. 따라서 공사범주가 평이한지, 중간 수준인지, 고난도인지에 따라 시공사 선택에 유의해야 한다. 또한 내진설계와 구조보강 등 리모델링에서 간과해서는 안 되는 설계능력을 구비함은 물론, 건물의 기능과 외관을 실용적이면서 미학적으로 완성도 높게 디자인할 수 있는 유능한 건축사를 선택하는 것도 매우 중요하다.

다섯째, 사전 기획단계에서는 발견되지 않았지만, 막상 건물 내부를 뜯어보니 설계도면과 일치하지 않는 '철거 후 불일치'가 발생할 수 있다. 이런 불일치를 바로잡기 위해서는 설계변경과 추가공사비가 발생한다. 불가피한 경우이므로 건물주는 시공사와 협의하여 순리대로 푸는 것이 좋다. "왜 사전에 견적단계에서 이런 문제를 반영하지 않았느냐"고 언성을 높여봤자 소용이 없다. 이 문제는 철거한 후에야 발견할 수 있는 문제라는 것을 이해하고 서로 원만하게 협조하는 게 좋겠다.

이 외에도 리스크 요인은 많지만, 언급한 5개라도 제대로 숙지하고 대안을 마련한다면, 리모델링 프로젝트의 성공을 기대해도 좋을 것이다.

리모델링은
재테크의 끝판왕이다

지금은 노후화된 건물을 건물주가 경제적·사회적·환경적 요구에 맞추어 리모델링을 함으로써 미관과 기능을 회복시켜 건물을 재공급하는 대전환의 시대이다. 리모델링이 왜 재테크의 끝판왕인지 리모델링의 시의적절성과 필요성 및 리모델링 재테크가 통하는 이유에 대하여 조목조목 짚어본다.

리모델링의 시의적절성

요즘 서울 등 대도시를 중심으로 재테크 목적의 건축물 리모델링이 점차 활기를 띠고 있다. 1970~1980년대 경제고도성장으로 지갑이 두둑해지자, 1980~1990년대 강남 개발, 주택 200만 호 건설 등으로 이어졌다. 그 여파로 전국적으로 다가구주택, 상가주택, 근린생활시설 등 꼬마빌딩들이 우후죽순처럼 지어졌다. 문제는 1980~1990년대에 지어져 현재 건령이 30년 이상 된 노후 건축물들이 전체의 70%를 넘어, 이를 싹 허물고 신축하느냐, 아니면 내외관을 대수선하여 30~40년 더 사용하느냐의 기로에 선 것이다.

건물이 수명을 다할 때까지 한 번도 고치지 않고 그대로 사용하는 사람은 아마 없을 것이다. 건물의 일부가 손상되거나 노후화되면 기능을 회복시키는 대수선을 하거나, 상업용 건물의 경우 현재보다 더 많은 임대수입을 얻기 위하여 건물의 용도를 변경할 수도 있고, 트렌드에 맞게 외관에 멋을 부려 이미지 향상을 꾀하는 경우도 있다.

리모델링 3대 필요성

낡은 건물을 리모델링하는 세 가지 필요성은 다음과 같다. 첫째, 신축비 대비 절반의 비용으로 신축에 준한 효과를 볼 수 있어 가성비가 뛰어나다. 가령 신축비용이 연면적 평당 900만~1,000만 원이라면 대수선비는 450만~500만 원 선으로 보면 된다. 이 수준으로 공사를 하면 일반인의 눈에는 신축 건물인지 리모델링 건물인지 분간이 어려울 정도로 기술이 발달했다. 둘째, 설비 교체의 필요성 때문이다. 전기선, 가스관, 상하수도관, 난방배관, 환기통, 승강기, 통신설비 등은 신축 후 20~30년이 지나면 대대적 수선이나 교체가 필요하다. 셋째,

쾌적한 생활을 위한 환경적 욕구 때문이다. 아파트도 30년이 지나면 재건축이나 리모델링으로 새로운 공간에서 쾌적한 생활을 영위하고 싶은 욕구가 있듯 중소형빌딩도 마찬가지이다. 건물의 기능을 회복하고 외관을 단장하려는 욕구가 점증하는 것이다.

리모델링 재테크가 통하는 이유

필자는 빌딩 중개는 물론 리모델링 컨설턴트로서, 노후를 준비하거나 젊은 나이에 성공한 수많은 투자자들과 상담하고 투자를 관장하면서 리모델링업에 몸담고 있다. 실제 투자로 연결한 결과, 재테크와 노후 대비책으로 리모델링만 한 게 없다는 결론에 도달했다. 왜 리모델링이 통하며, 큰돈 버는 비즈니스가 될 수 있는지 그 이유는 여섯 가지로 요약할 수 있다.

첫째, 투자자들은 부동산 물건 답사에 나설 때 마치 첫 선 자리에 나가는 심정으로 임한다. 멋진 외모의 매물을 보면 호감이 급상승한다. 일단 투자자의 관심을 끄는 데 성공하면 다른 부분도 좋게 보일 개연성이 크다. 즉, 팔릴 가능성이 높은 것이다. 아무리 내재가치가 좋은 물건이라도 제때에 팔리지 않으면 차질이 큰 법이다. 깔끔하게 단장된 물건은 비교적 신속하게 팔린다.

둘째, 사람들은 잘 차려진 밥상을 원한다. 상을 잘 차리려면 일정 시간 동안 돈과 노력이 필요하다. 의지만 있으면 누구든 잘 차릴 수는 있지만, 굳이 나서지 않는 것이 문제이다. 허름한 건물을 사서 전문가를 불러 리모델링 공사를 발주하면, 서너 달 후에 깔끔한 건물로 재탄생된다는 사실은 모두가 안다. 향상된 미관과 기능 개선에 따라 임대료 인상도 용이하다. 그러나 그 일을 선뜻 자신이 고생스럽게 하려 들지는 않는다. 이 일을 하려고 나서는 사람만이 달콤한 결과를 얻을 수 있다.

셋째, 철근콘크리트조 건물은 제대로 보수하고 관리하면 80년은 기본이다. 정부도 철근콘크리트조 건물의 수명을 최소 65년으로 본다. 결국 70~80년은 문제가 없다는 뜻이다. 준공 후 30~40년 정도 지난 시점에서 상수도관과 하수도관, 냉난방 공조시설, 전기통신선 등을 적시에 교체해주면 또다시 30~40년을 쓸 수 있다. 건물의 수명은 4단계를 거친다고 한다. 즉, 신축단계→안정단계→노후화단계→완전폐물단계이다. 리모델링은 건물이 약 10년간의 신축단계 후 이어지는 30~40년간의 안정단계에서 기능을 개선하고 내외관을 단장하여 건물의 수명을 연장시킴으로써 가치를 높일 수 있다.

넷째, 비용 대비 고효율 사업이다. 우선 공사기간이 짧다. 단순 리모델링은 한두 달, 대수선은 네다섯 달 안에 가능하다. 건물의 미관과 성능이 개선되면 임대료 인상이 당연해진다. 또한 매입가의 10% 이내로 진행하는 단순 리모델링은 임차인을 명도할 필요가 없으므로, 공사기간 동안 임대수입 감소가 없고, 임차인도 쫓겨날 걱정이 없어 좋다. 요즘에는 건자재가격 상승으로 신축공사비가 치솟아 골치가 아프지만, 리모델링은 신축공사비 절반의 비용으로 가능하다. 또한 공사 완료 후에는 큰 무리없이 기존 임대료 대비 20~50% 인상할 수 있다. 이러한 임대료 상승은 리모델링비용을 커버하고, 건물가치를 올려 재매도 가격을 높여 쏠쏠한 시세차익을 안겨준다.

다섯째, 사회적·환경적·경제적으로 기여한다. 아파트 재건축처럼 30~40년 지나면 멀쩡한 골조까지 싹 헐어내고 신축하는 것이 과연 옳은 일인가? 그저 돈을 벌려고 하는 것이다. 아파트는 그렇다 쳐도 상가주택, 통상가건물, 업무용 건물 등의 골조와 내력벽, 바닥 등 건물의 주요 부분은 살리고, 적정 비용을 들여서 건물의 미관과 성능을 개선하는 것은 건축자재 절감, 폐기물 발생 방지, 주변 환경 개선, 입주자들의 만족도 상승이라는 이점이 있다. 또한 그 일을 실행한 투자자에게는 큰돈을 벌어주므로 1석 3조의 효과를 거둔다.

마지막으로, 리모델링은 부자로 가는 지름길이다. 급매물을 잡아 되파는 방법으로 재테크를 하는 것은 성공 확률이 낮다. 급매물은 출현 가능성이 낮을 뿐만 아니라, 출현한다 해도 그 정보가 나에게 올 확률이 희박하다. 그 가능성만 좇다가는 허송세월한다. 반면, 리모델링용 매물은 확보가 쉽다. 건물 시장에 나온 매물의 대다수는 건령 25~40년 된 건물로서 대체로 토지가격만 지불하고 살 수 있다. 그중 입지분석과 수지분석을 통해 쓸 만한 것을 골라잡으면 된다. 요행을 바라지 않고 리모델링을 통해 합법적이고 떳떳하게 가치를 올린 후, 계속 보유하거나 되팔아서 차익을 실현하는 것이다. 부동산 상승기뿐 아니라 하락기에도 가치를 수직 상승시키므로 언제나 통할 수 있는 재테크 기법이다.

우리나라 중소형빌딩의 시대 변천에 따른 트렌드를 조망해본다. 리모델링을 고려하는 건물주나 투자자가 리모델링을 계획할 때, 반드시 알아둬야 할 필수 지식을 섭렵한다. 아파트 투자와 달리 중소형빌딩은 모르고 투자하면 투자원금의 절반도 날릴 수 있기 때문에 여기에 소개된 지식들은 절대로 잊으면 안 된다. 필요 시 전문가로부터 도움받는 방법과 공사비 조달 방법에 대하여 알아본다.

2부

리모델링
계획단계의
필수지식

시대 변천에 따른
빌딩 트렌드

　우리나라에서 꼬마빌딩을 포함한 중소형빌딩은 베이비부머들의 사회 진출 시기와 경제고도성장 시절인 1970년대 후반부터 1990년대에 집중적으로 공급되었다. 여기에서는 중소형빌딩이 시대 변천에 따라 어떤 모습으로 진화해왔는지 외장 마감재를 중심으로 살펴본다.

　1970년대에는 소위 '붉은 벽돌'로 외벽을 마감한 다가구주택, 상가주택 등 꼬마빌딩이 주류를 이루었고, 조금 더 진보된 형태가 타일로 마감한 건물이다. '쪽타일'이라 불리는 손바닥만 한 타일을 다양한 색상으로 건물 외벽에 붙여 마감한 건물들은 도심지 어디를 가든 흔하게 눈에 띈다. 여기에 돈을 좀 더 들여 건축한 형태가 화강석 마감이다. 우리나라에서 흔하게 생산되는 석재로서 1970~1980년대뿐 아니라 지금까지 화강석은 무난한 외장재로 널리 쓰이고 있다.

1970~1980년대 건물

붉은 벽돌 마감   쪽타일 마감   화강석 마감

1990년대는 노태우 정부의 주택 200만 호 공약이 실현된 시기로, 1기 신도시 입주가 집중적으로 이루어졌다. 서울 강남구의 경우 테헤란로가 개발되던 시기였고, 서울시 전역과 1기 신도시, 지방도시 할 것 없이 전국 곳곳의 빈 땅에 건물들이 빼곡히 축조되었다.

벽돌 제작기술의 발달에 따라 기존의 붉은 벽돌 일변도에서 벗어나, 쥐색부터 미색까지 다양한 색상이 출시되었다. 화강석도 여전히 사용되었지만 고급스러운 외관 연출을 원하는 건물주들은 대리석도 애용했다. 또한 건물의 하중을 줄이기 위해 컬러강판이라는 패널형 외장재도 출현했다. 본래 컬러강판은 지붕재로 널리 쓰였는데, 가격이 저렴하여 건물의 외장재로도 쓰였다. 이는 얇은 철판에 페인트 도장 후 열처리를 한 것으로서 다양한 색상으로 구현되었다. 문제는 이 시절에 생산된 컬러강판은 도장처리 기술이 충분치 않아서, 15년 이상 경과하면 변색이 되어 보기가 흉했다.

이런 건물이 빌딩 시장에 매물로 나오면 투자자들은 건물이 지저분하다고 매입을 포기하기 일쑤이다. 인기 없는 건물을 저렴하게 매입하여 리모델링하면서 외장을 교체하면 되는데, 이 방법을 잘 모르는 투자자라면 리모델링으로 돈 벌기는 쉽지 않다.

1990년대 건물

| 다양한 색상의 벽돌 | 변색된 컬러강판 | 대리석 마감 |

2000년대 들어서면서 가성비를 추구하는 건물주들에게 인기를 얻은 것이 드라이비트이다. 건물 외벽에 스티로폼을 부착하고 그 위에 잔 그물처럼 생긴 메시를 부착한 후, 흙손으로 바르거나 뿜칠을 하여 표면을 '빼빼'처럼 까끌까끌하게 처리한 것이 드라이비트이다. 브랜드에 따라 스타코라 불리기도 하는 이 마감재는 화강석으로 마감하는

비용의 3분의 1 정도에 불과하면서 단열 효과가 좋아 인기였다. 단점으로는 충격에 약해서 주차하면서 벽에 충돌하거나 취객이 발길질하면 표면이 손상될 수 있고 화재에 취약하다.

이 시절 콘크리트 타설 후 거푸집을 제거한 상태에서 별도의 마감재를 부착하지 않고 내버려 두는 노출콘크리트 방식이 쓰였다. 또한 건물 외벽에 유리를 커튼처럼 두르는 기법인 커튼월 방식이 도입되었다. 건물 표면이 매끄러운 유리로 마감되니 밖이 훤히 보여 개방감이 뛰어나고, 유리 표면에 묻은 먼지가 빗물에 잘 씻겨 내려가 관리가 용이한 장점이 있는 방식으로서, 현재까지 애용되는 대표적인 외장 마감 기법이다.

2000년대 건물

| 드라이비트 마감 | 노출콘크리트 | 커튼월 마감 |

2010년대에는 현무암을 가공한 석재가 등장하여 외관에 중후한 기품을 더했다. 석재를 외장재로 사용하면 건물 하중에 어느 정도 부담을 주는 것이 사실이다. 특히 고층 건물인 경우 하중을 줄이기 위해 메탈패널을 주로 사용한다. 얇은 강판 표면에 알루미늄이나 징크 등 내구성을 위한 도금처리 후 다양한 색상을 입혀 마감재로 사용한다. 뒷면에는 단열재를 붙여 건물의 단열성능을 개선한다. 기술의 진보에 따라 메탈패널은 30~40년은 변색 없이 버틸 수 있다. 하중 부담이 적어 리모델링 시 외장재로 애용된다. 또한 더블스킨 기법이라 하여 기존 외벽 위에 각재를 가로나 세로로 덧대어 모양을 내는 루버(louver) 마감법이 등장했다.

2010년대 건물

현무암 마감

메탈패널 마감

루버 마감

2020년대인 현재는 앞에서 언급한 소재들을 서로 혼합(mix and match)하여 건물의 특정 부위에 포인트를 주면서 환상적인 디자인으로 무장한 빌딩들이 출현하고 있다. 건물에 예술적이고 기하학적 디자인을 입히기도 한다. 커튼월을 기본으로 하되 메탈패널이나 대리석을 혼합하기도 하고, 조각작품 같은 조형물을 외벽에 부착하는 방식으로 디자인 능력을 마음껏 뽐내며 그 방식이 끊임없이 진화하고 있다.

2020년대 빌딩

대리석과 컬러유리 조합   기하학적 외관 디자인   창의적 구조물 부착

리모델링에 임하는 건물주가
절대로 잊지 말아야 할
필수지식

아파트나 오피스텔, 지식산업센터 등 구분건물의 투자자는 건축법이나 공법적 지식을 갖추지 않아도 부동산 투자에 아무런 문제가 없다. 건설사나 시행사가 알아서 계획단계부터 모든 법령을 검토하여 대처했기 때문에, 투자자들은 그저 입지와 브랜드, 분양가 등을 비교·분석한 후에 분양받거나 기존 매물을 잘 살펴보고 취사선택하면 그만이다.

하지만 노후 꼬마빌딩을 보유하거나 매입하여 리모델링을 계획하는 건물주들은, 다음의 네 가지 필수지식은 반드시 숙지해야 낭패가 없다. 리모델링 컨설팅을 수없이 진행하면서 느낀 필자가 노파심에 전하는 이 지식들은 투자자가 반드시 리모델링에 임하기 전에 이해할 필요가 있다. 건물주는 리모델링이 잘되어 발생하는 시세차익과 임대수익 등의 개발이익도 독식하지만, 만일 잘못된 매물을 매입함으로써 발생할 수 있는 손해도 그 누구의 탓으로 돌리지 못하고 온전히 홀로 감당해야 하기 때문이다. 부동산에 대한 섣부른 지식을 기초로 호기롭게 투자했다가, 개발이익은커녕 원금의 일부를 날릴 입장에 놓인 투자자가 필자를 찾아와 해결책을 요청하는 경우가 많다. 하지만 이미 엎질러진 물이라 어쩔 수 없는 안타까운 사례가 대부분이다.

건물 투자자가 알아야 할 필수지식은 용적률, 일조권 사선제한, 주차장법, 도로법 등 네 가지이다. 독자들에겐 다소 생소한 개념이겠지만 반드시 알아두어야 한다.

용적률

전국의 토지는 2003년도에 제정된 '국토의 계획 및 이용에 관한 법률'에 따라, 모든 필지의 용도가 그 입지에 맞도록 용도지역을 설정해놓았고, 용도지역별로 용적률을 부여했다. 그런 후 각 지자체는 이 법이 허용하는 용적률 범위 내에서 조례를 제정하여 각 용도지역마다 허용 용적률을 규정하고 있으며, 모든 국민은 해당 부동산이 속한 지자체의 조례에 맞춰 개발을 수행해야 한다.

그러면 도대체 용적률이란 무엇인가. 한마디로 용적률이란 건물의 크기를 규정하는 전문용어로서 대지면적에 대한 건물 연면적의 비율이다. 대지면적이 100㎡인 토지상에 층당 50㎡씩 3층까지 올라갔다면 용적률은 150%이다. 단, 연면적에서 지하층 면적은 제외한다.

용적률 계산법

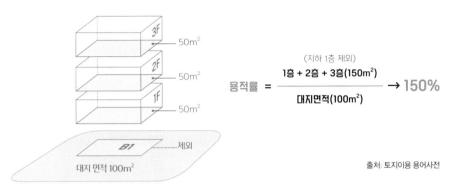

출처: 토지이용 용어사전

용적률은 '국토계획법'에 기초하여 각 지자체가 조례로 정하는데, 서울시의 경우 2종일반주거지역의 허용 용적률은 200%이고, 3종일반주거지역의 허용 용적률은 250%이다. 신축을 하든 리모델링을 하든 해당 필지의 용도지역이 무엇인지에 따라, 지상으로 올릴 수 있는 건물의 크기가 허용 용적률 범위 이내로 제한되는 것이다. 2종일반주거지역 토지상에 건물주가 10층을 올리고 싶어도, 4~5층 정도만 올리는 이유가 바로 이 용적률 제한이라는 규정 때문이다.

용적률이 200%인 2종일반주거지역 100평 대지 위에 건물을 신축할 때, 층당 50평씩 올린다면 4층까지면 200평이므로 용적률 200%를 꽉 채운다. 만일 4층이 너무 낮다고 생각해 한두 층 더 높게 올리려면 건폐율을 좁게 적용하여 올리면 된다. 즉, 층당 33평씩 올린다면 6층까지 올릴 수도 있다. 그런데 북측에 적당히 넓은 도로에 접한 필지가 아니고서는 용적률을 다 채우면서 높게 올리지 못하는 것이 일반적이다. 또 다른 장애물인 일조권 사선제한에 걸리기 때문이다.

일조권 사선제한

일조권이란 1년 중 하루의 해가 가장 짧은 날인 동짓날을 기준으로, 오전 9시부터 오후 3시까지 6시간 동안 정북측의 필지에 대하여 2시간 이상 햇볕을 쪼일 수 있도록 배려해야 하는 규정이다. 이 규정은 용도지역이 주거지역인 경우에만 적용된다. 즉, 당신의 토지가 전용주거지역, 1종일반주거지역, 2종일반주거지역, 3종일반주거지역에 있는 경우, 정북측의 필지에 건물이 있든 없든 불문하고 향후 언젠가는 그 필지에 건물이 올라간다는 경우를 상정하여, 그 건물의 거주자가 동짓날에도 무조건 2시간 이상 햇볕을 쪼일 수 있도록 내 건물을 올릴 때 이 규정에 맞추어 올려야 하는 것이다.

그림에서 보듯 북측에 접한 대지경계선(빨간색 표기)에서 1.5미터 거리를 두고 건물을 올리면, 층당 건물높이가 3미터인 경우 3층까지는 똑바로 올라간다. 그런데 4층부터는 층고의 2분의 1만큼 대지경계선과 거리를 두고 건물을 앉혀야 한다는 것이 이 규정의 핵심이다.

리모델링 시 용적률에 여유가 있는 경우 증축을 겸하여 리모델링할 수 있는데, 이때에도 일조권 사선제한에 맞춰야 한다. 이로 인해 건물 모습이 4층부터는 계단식이나 사선 형상을 띤다.

일조권 사선제한 규정 때문에 용도지역이 2종일반주거지역으로서 토지면적이 50평인 필지가 있더라도, 북측에 도로가 붙어 있는 경우나 또는 남측에 도로가 붙어 있는 경우라면, 그 필지가 남북으로 기냐, 동서로 기냐에 따라 어떤 땅은 지상 3층까지만 올라가고, 어떤 땅

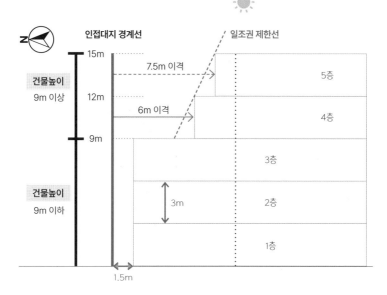

일조권 사선제한 개념도

인접대지 경계선   일조권 제한선

건물높이
9m 이상

15m
12m
9m

7.5m 이격

6m 이격

5층

4층

3층

건물높이
9m 이하

3m

2층

1층

1.5m

은 5층까지 올라갈 수 있는 것이다. 이는 다분히 건축사의 전문분야이지만, 필자처럼 신축이나 리모델링 컨설팅을 수행하는 전문가들은 땅 모양만 보고도 쉽게 용적률을 최대치까지 구현하는지 여부를 금세 파악하기도 한다. 지면을 통해서 일조권 사선제한에 대하여 아무리 설명해보아도 일반인이 완벽하게 이해하기는 어렵겠지만 이런 개념이 있다는 것 정도는 꼭 알고 있어야 한다. 리모델링을 하면서 용적률에 여유분이 있어 증축을 겸하는 대수선을 계획하는 건물주는 사전에 건축사나 전문가를 찾아 체크할 필요가 있다.

다음 지적도는 서울시 은평구 ○○동의 2종일반주거지역이다. A 필지는 정북방향에 도로가 있고 더불어 공원도 있기 때문에, 일조권 사선제한의 영향을 전혀 받지 않음에 따라 건물A처럼 5층까지 똑바

A, B, C 필지가 도로와 접한 상태

A	B	C

로 올라갔다. B필지는 정북방향에 도로가 있어 일조권 사선제한을 거의 받지 않아, 용적률을 95% 정도 구현할 수 있어 4층까지는 수직으로 올라갔고 5층만 계단식이다. C필지는 정북방향에 도로가 사선으로 접해 있지만, 일조권 영향을 받아 2층까지만 똑바로 올라가고 3층은 계단식으로 올라간다. 이처럼 필지가 도로와 어떻게 접해 있느냐에 따라 건물의 층수와 모양이 바뀐다. 건물 크기는 임대수입 크기와 비례하고, 이는 곧 건물의 가치와 비례한다. 따라서 같은 동네의 땅이라도 도로와 어떻게 접해 있느냐에 따라 운명이 이렇게 바뀌니, 토지 매입 시 유의해야 한다.

주차장법

주차장법까지 알아야 하느냐고 반문할 수 있겠지만, 아무리 용적률에 여유가 있다고 하더라도 증축을 겸한 리모델링의 경우, 증축으로 인해 증가된 건물면적만큼 주차대수를 증설해야 하는 규정이 주차장법이다. 가령 2종일반주거지역에 토지가 100평인데, 건축물대장을 떼어보니 용적률이 150%로 나와 있다면, 법정 허용치인 200% 대비 50%의 여유가 있다. 100평 토지에 대한 50%는 50평을 의미하므로, 50평만큼 증축을 할 수 있다는 뜻이다.

그런데 앞에서 설명한 일조권 사선제한이란 장애물을 먼저 통과해야 한다. 만일 그 장애물을 문제없이 통과했다면, 리모델링하면서 50

평을 증축할 수 있다. 하지만 50평을 증축한 만큼 주차대수 1대를 추가해야 한다. 즉, 대지에 주차대수 1대를 수용할 만한 공간(가로 5m × 세로 2.5m)이 있다면 그곳을 주차장으로 설정하면 된다. 문제는 대개 그런 공간이 없는 경우가 훨씬 더 많다는 것이다. 따라서 용적률에 여유가 있고, 일조권 사선제한도 만족했기에 증축을 할 수는 있지만, 정작 주차장을 만들 공간이 없으면 증축이 제한적이다.

간혹 다세대주택 1층에 필로티로 만들어진 주차장을 보면, 차가 꼬리를 물고 3대씩 주차된 모습을 발견할 수 있다. 주차장법에서 꼬리를 무는 방식의 주차는 2대까지만 인정되므로 주차공간 확보를 이런 식으로 해서는 안 된다. 한편 여러 대를 수용할 수 있는 주차방법의 하나로 옥외 기계식 주차장이 있다. 사용하기에 불편한 이런 시설을 설치하고 싶어서 하는 게 아니라, 주차장법에 맞추기 위해서 어쩔 수 없이 궁여지책으로 하는 것이니, 건물주가 되고자 하는 독자들은 참고하기 바란다.

3대 연속 꼬리 물기식 주차 모습

옥외 기계식 주차장

이처럼 리모델링을 계획하는 건물 소유주나 투자자는 사전 계획 단계에서 이러한 공법적 제약에 대하여 철저한 검토와 대비가 필요하다. 시세보다 평당 몇백만 원 혹은 몇천만 원 저렴한 급매물이라는 점 때문에 덥석 계약부터 체결하면 안 된다. 검토해보니 투자자가 원했던 크기의 건물을 짓거나 증축할 수 없어 오도 가도 못하는 난처한 경우가 생길 수 있으니 언제나 주의해야 한다.

도로법

도로법은 정말 사람 잡는 법이다. 이에 대해 잘 모르고 투자했다가는 말 그대로 재산을 강탈당할 수 있다. 그 자리에서 투자원금의 절반이 날아간 경우도 있다. 필자가 폭망한 그분 때문에 번지수를 정확히 밝힐 수는 없지만, 2021년에 서울시 강남구에서 실제로 일어난 일이다.

간략하게 언급하면, 2021년에 강남구의 3종일반주거지역 39.3평짜리 매물이 평당 1억 1,000만 원, 매가 43억 2,000만 원에 나왔다. 같은 시기에 매물로 나온 바로 옆에 붙어 있는 땅은 평수가 크기는 했지만, 평당 1억 4,000만 원이었다. 즉, 소개받은 물건은 시세보다 평당 3,000만 원이나 저렴하게 나온 급매물이었던 것이다. 1,000만~2,000만 원도 아니고 무려 3,000만 원이나 저렴하게 나왔으니, 투자자는 웬 떡이냐 하고 계약부터 체결했다.

신축 목적으로 매입했기 때문에 투자자는 계약 직후 건축사를 찾아가 신축용 가설계를 의뢰했는데 문제가 있었다. 투자자가 매입한 필지는 우측에 사도가 나 있었고, 이로 인해 매입한 토지에서 6.6평을 사도에 떼어줄 판이었다. 떼어주고 싶어서 그런 게 아니고 도로법이 그렇게 규정하고 있기 때문에 어쩔 도리가 없다는 것을 건축사가 알려줬다.

잘못된 투자로 잃은 돈이 얼마나 될까? 평당 1억 1,000만 원 × 6.6평 = 7억 2,600만 원이다. 여기에 취득세와 중개비를 합친 2억 2,000만 원을 더하면 합계 9억 4,600만 원이다. 이 큰돈이 계약과 동시에 그 자리에서 사라져버린 것이다. 그분은 투자원금 20억 원을 가지고 레버리지를 활용하여 구입한 것이므로 투자원금의 절반이 날아간 셈이다.

필자가 왜 이 돈이 날아갔다고 말하는지 궁금할 것이다. 서울에서 신축하는 경우 3종일반주거지역의 건폐율은 50%이다. 도로에 떼어준 후 남는 면적이 39.3평 - 6.6평 = 32.7평이므로, 3종일반주거지역의 건폐율 50%를 적용하면 층당 올릴 수 있는 면적이 16.3평 정도이다. 여기서 계단실과 승강기, 화장실 면적을 합하면 약 6.3평이라 보고, 이 평수를 제한 전용면적은 10평이다.

강남구에서 건물을 지었는데, 층당 전용평수가 10평이면 도대체 무슨 용도로 쓸 것인가? 임대는 제대로 되겠는가? 게다가 일조권 사선제한 및 주차장법을 적용하니 아무리 머리를 굴려보아도 3층밖에 올릴 수가 없었다. 그러니 어쩌겠는가? 신축은 포기하고 기존의 2층 상가주택을 한 층 증축하여 리모델링했다. 2층짜리 건물에 한 층을 올리는 리모델링비용을 합친 총투입비용이 취득제비용 포함하여 48억

5,000만 원 정도 된다. 이게 본전인데, 투자자가 매각하는 경우 최소 50억 원은 받아야 본전을 건질 것 아닌가. 문제는 서울에서 층당 전용면적이 10평인 3층짜리 꼬마빌딩을 50억 원에 사줄 사람이 있겠는가 말이다. 강남구는 계획도시이므로 모든 땅들이 문제없는 것으로 생각할 수 있겠지만 절대 그렇지 않다. 꼬마빌딩 투자에서는 도로법을 모르고 투자했다가는 이 같은 상황에 봉착할 수 있다.

도로법은 공도든 사도든 구분하지 않고 대한민국 영토 안에서는 무조건 적용된다. 도로법의 기본원칙은 도로의 폭이 최소 4미터는 되어야 하는 것이다. 차가 교행하기 위한 최소한의 도로 폭이 4미터다. 기존의 도로 폭이 4미터에 미치지 못하면 도로 중심선에서 2미터 거리를 두고 건물을 지어야 한다. 만일 기존 도로 폭이 2미터라면 내 땅에서 1미터, 건너편 땅에서 1미터씩 후퇴하여 폭 4미터를 만들어야 한다.

이 말은 그만큼 내 땅의 면적이 줄어든다는 뜻이다. 비록 토지등기부등본에는 토지면적이 도로에 제적되지 않은 상태의 면적으로 기재되므로, 대지면적이 줄어든다는 사실을 인지할 수 없다. 그러나 언젠가 기존 건물이 노후하여 재건축을 하는 경우, 무조건 도로 폭을 4미터로 만들기 위해 내 땅에서 일정 부분을 떼어준 후 남은 땅을 기준으로 건폐율과 용적률, 일조권 사선제한을 적용하여 건물을 지어야 한다. 이때가 되어서야 비로소 내 땅에서 도로에 떼어주는 면적을 정확히 알게 되고 통곡하는 것이다.

단, 예외가 있다. 통과도로가 아니고 끝이 막힌 막다른 도로에 접한 경우에는 확보해야 하는 도로의 폭이 다르다. 즉, 막다른 길이 10미터 이내면 도로 폭은 2미터면 되고, 10~35미터인 경우에는 도로 폭을 3미터 확보해야 된다. 문제는 35미터가 넘어갈 때이다. 이 경우 도로 폭을 무려 6미터나 확보해야 하는 것이다. 이는 화재 발생 시의 소방 활동과 관계가 있다.

봉천동 고개에 가보면 막다른 길이 수없이 많은데 그중 상당수는 도로 길이가 35미터가 넘는다. 비록 지금은 도로 폭이 2~3미터로 되어 있지만, 그 땅을 사서 건물을 짓는 경우 도로 중심선에서 3미터를 후퇴해서 지어야 하므로, 내 땅의 면적이 대폭 줄어든다는 말이다. 봉천동뿐만이 아니다. 서울지역 어디를 가든 35미터가 넘는 막다른 길이 의외로 많다. 이런 길에 붙어 있는 토지 소유주들이나 투자자들의 미래를 생각해보면 암울하기 그지없다.

도로법에 대해 책에 언급할지 말지 잠깐 고민했다. 이 법의 무서움을 제대로 알린다면 예상되는 파급효과가 큰 데다, 도로법에 대하여 잘 알고 중개하는 공인중개사가 그리 많지 않다는 것도 마음에 걸렸다. 투자자도 모르고 중개사도 모르면 이 법으로 인한 피해자는 지속적으로 양산될 것이기 때문이다.

도로법은 공인중개사 시험에 나오지 않는다. 공인중개사 자격증 취득 후에 중개업 창업을 위한 실무교육에서도 이 법은 다루어지지 않는다. 공인중개사 시험에서는 신축이나 리모델링을 다루지 않는다. 건축사의 영역으로 치부되기 때문일 것이다. 현 시설물 상태로 중개하는 것을 원칙으로 하는 중개업무에 굳이 건축법을 끌어들일 필요가 없다고 보는 것일 수 있다. 그러나 위에서 설명한 것처럼 이 법에 대하여 잘 모르고 투자하면 손해가 매우 크기 때문에, 신축 컨설팅과 리모델링 컨설팅을 본업으로 하는 필자로서 독자들을 구제하는 차원에서 한 번 더 강조하고 싶다.

다음 지적도를 보자. 지적도 상단에 218번지와 220번지가 있다. 지적도상으로는 두 필지 사이에 도로가 없다. 하지만 실제로는 우측 상단 사진처럼 도로가 있다. 사도(현황도로)인 것이다. 즉, 자기 땅에서 일정 면적을 떼어내어 사도를 만든 것이다. 이 사도 좌우에 붙은 건물주들은 나중에 재건축하는 경우 필지별로 사도에 내어준 3∼10평 정도를 제하고 남은 면적을 기준으로 재건축을 해야 한다. 반면, 지적도 하단을 보면 '228-14도'가 있다. 이는 공도이다. 공도의 좌우에 접한 토지들은 재건축 시에도 뺏기는 면적이 전혀 없는 정상적인 토지이다.

사도와 공도의 차이

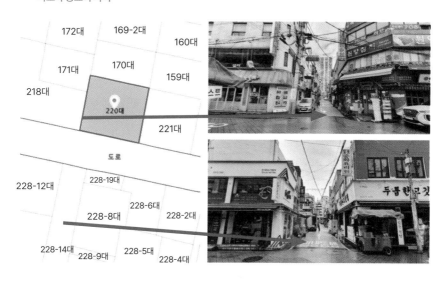

리모델링 컨설팅은
누구에게 받아야 하나?

우리나라에 존재하는 건물의 약 70%는 준공된 지 30년이 지났다. 서울을 비롯한 대도시에는 1980년대에 집중적으로 공급되었고, 1기 신도시는 1990년대에 건물이 들어섰다. 1990년대만 해도 벌써 30년 전이다. 즉, 2000년대 들어 축조된 건물들을 제하고는 거의 대다수가 리모델링 대상이다.

서울의 유명상권에 가보면 일견 새 건물처럼 보이는데, 알고 보니 리모델링한 경우가 많다. 2010년경부터 본격적인 리모델링이 시행되었고, 우리 주변에서 리모델링 공사 현장을 찾아보기가 쉽다. 바야흐로 우리는 리모델링이 대세인 시대에 살고 있는 것이다. 그러면 낡은 건물을 보유하고 있거나, 투자 목적으로 낡은 건물을 매입하여 리모델링하려 할 때, 과연 누구에게 컨설팅을 받는 게 좋을까?

리모델링 관련 자문에 응할 수 있는 사람들은 리모델링을 경험한 건물주, 리모델링 전문 시공사나 건축사, 필자를 비롯한 리모델링 전문가 등을 들 수 있다(아파트 전문가로 알려진 분들은 미안하지만 자문을 제공할 만한 실전 경험이 없기 때문에 자문 대상이 아닐 것이다). 주변에서 리모델링 공사를 관장하는 현장소장에게 공사비라든가 공사기간 등에 대한 정보를 얻을 수 있겠다. 또한 그 공사를 수행 중인 건물주를 만나볼 수도 있다. SNS를 검색하여 전문가나 전문업체를 알아낼 수도 있다.

명심해야 할 것은 리모델링은 하나의 사업이라는 말이다. 사업은 수지가 맞아야 한다. 리모델링을 함으로써 팔지 않더라도 건물가치가 제고되어야 하고 임대료가 상승해야 한다. 그래야 수지가 맞는다. 그렇다면 사업 성공을 위해서는 어떤 접근이 필요할까? 리모델링 사전단계에서 철저한 타당성검토를 실시해야 한다. 그저 낡은 건물이니까 무조건 가성비 좋게만 공사하면 되는 게 아니다.

필자가 항상 주장하는 것처럼 해당 부동산의 입지에 최적화된 층별 임대구성을 하고, 그 입지의 특성에 맞는 수준으로 공사비를 책정해야 한다. 상권 발달이 미약한 변두리 건물에 유명상권의 팬시한 건물처럼 흉내 내어 공사비를 과하게 투입한다고 해서 그 건물의 임대료가 기대만큼 상승하고 임차인들이 장사를 잘하는 게 아니다. 돈을들일 때에는 그 입지에 맞는 수준으로 들여야 한다는 말이다. 이런 입지분석은 다분히 전문가의 영역이다.

시공사는 건물주의 선택을 받아 그가 원하는 대로 공사를 해주고 공사비를 받으면 된다. 건축사도 마찬가지다. 설계업무를 수주하고 그에 맞추어 도면을 작성하여 인허가를 진행하는 것이 주 임무이다.

이들에게 입지분석은 부차적인 업무일 뿐만 아니라, 사실 그런 일을 평소에 잘 수행하지 않으므로 실무적으로는 어색한 업무이다. 수주를 하고 공사를 수행하면 되지 무슨 입지분석까지 한단 말인가?

리모델링을 경험한 건물주에게 얻는 조언은 그 건물에 한정된 경험을 얻는 것이다. 자기 건물에 대해서만 얘기해주는 것이지, 입지분석이나 수지분석까지 기대하기는 어렵다. 언제나 입지분석과 수지분석을 본업에서 실천하고, 약식 리모델링부터 고난도 리모델링까지 수행한 경험이 풍부한 전문가를 찾아가면 새로운 세계를 발견할 수 있다. 공사범위 설정뿐 아니라 임차인 명도전략, 명도비 산출, 층별 임대구성, 건물 디자인 제공, 완공 후 예상 임대료 산출, 완공 후 제고된 건물가치 제시, 시공사 연결까지 시공기간 동안 공사감독 등에서 큰 도움을 얻을 수 있다.

리모델링 공사비 마련하기

무슨 사업이든 일을 벌이려면 무기, 즉 자금이 필요하다. 아무리 좋은 특급 매물이 출현해도 실탄이 준비되지 않으면 헛일이다. 그렇다고 훌륭한 매물을 만날 때마다 무조건 저지를 수도 없는 노릇이다.

필자가 또다시 강조하지만, 리모델링은 사업이다. 어느 사업이든 성공하려면 사전 계획단계에서 수익성과 리스크를 철저히 분석해봐야 한다. 사업에 요긴한 자금이 부족하다면, 뜻을 같이하는 동료와 힘을 합치는 지혜를 발휘할 수도 있겠지만, 말이 쉽지 동업은 쉬운 게 아니다.

그러면 어떻게 공사비를 마련한단 말인가. 없는 돈을 갑자기 마련할 신출귀몰할 방법은 없다. 가장 간단한 해법은 레버리지 활용이다. "그걸 누가 모르나?"라고 반문하는 사람도 있을 것이다. 특히 건물을 사고판 경험이 없는 건물주에게는 담보대출도 쉽게 떠올릴 카드는 아닐 것이다. 이런 건물주는 임대료가 밀리면 임차인에게 지급을 종용하는 정도가 가장 큰 스트레스일 수 있다. 하지만 리모델링과 같은 큰 일을 도모하려면 마음을 크게 먹어야 한다. 즉, 돈이 드는 것에 대해 소심한 마음에서 벗어나야 한다는 말이다.

과거 우리 부모세대는 빚지고는 못 산다는 신념이 있어 레버리지 활용을 잘 못했다. 필자의 사무실 주변은 용적률 400%가 가능한 준공업지역인데, 최근에 신축한 건물이 저층에 불과한 사례가 더러 있다. 즉, 8~10층을 올릴 수 있는데도 4층만 올린 경우이다. 레버리지를 무시하고 자신의 자본금 한도에 맞춰 축조한 것이다. '누가 뭐래도 내 속만 편하면 제일이다'라는 생각 때문이다. 레버리지를 활용하면 당장은 이자를 물어야 하지만, 4층 대신 8층을 올리면 이자를 감당하고도 한참 여유가 생기고, 그로 인한 건물가치 상승이 엄청남에도 불구하고, 인식을 못하고 있거나 단순히 '빚을 지지 않겠다'는 일념으로 소박하게 진행했기 때문이다.

아무리 대출금리가 높아도 사전 계획단계에서 요모조모 따져본 결과 수지가 나온다면 과감히 담보대출을 받아야 한다. 웬만해서는 완공 후 이자를 부담하고 남는 돈이 더 클 것이다. 물론 수지가 안 맞는다면 일을 벌이지 말아야 한다. 특히 1층 건물이나 2층 건물의 증축을 겸한 리모델링 경우에는 주차장법 때문에 수지를 맞추기가 어렵다. 이런 때에는 기존 건물을 리모델링하는 대신, 건물을 허물고 신축을 고려해야 할 것이다.

이왕 대출을 받기로 했다면 공사기간에 딱 맞게 대출기간을 정할 것이 아니라, 1년 정도 공실이 지속되더라도 견딜 수 있도록 여유 있게 대출기간을 설정하는 것이 좋다. 세상사 모든 것이 마음먹은 대로 흘러가기는 어렵다. 사업을 펼칠 때는 항상 '만일'이라는 가정으로 여유 있게 출발하는 것이 좋다. 너무 빡빡한 스케줄 속에 자신을 가두면 상황이 틀어질 때, 자칫 초초하기 쉽고 불행하기 십상이다. 결국 모든 재테크는 내 행복이 최우선이라는 목표를 두고 여유 있게 실행하는 것이 좋겠다.

주거시설이 우세한 곳에 건물이 입지했다면, 일부 층을 원룸으로 개조하는 리모델링을 추천한다. 이런 경우에는 지역분석을 철저히 수행해야 한다. 즉, 그 지역의 원룸 형태를 조사하여 표준 크기로 할 것인지, 좀 더 큰 크기로 할 것인지를 판단해야 한다. 원룸이 유리한 것은 완공 후 전세를 줄 때 서울에서는 실당 전세금이 1억 원이 넘기 때문에 리모델링 공사비 상환에 많은 도움이 된다. 가령 한 층이 30평인 경우 표준 크기의 원룸이라면 5~6실을 만들 수 있다. 실평수로 보면 4~5평 정도이고 실당 전세가격은 1억 원 남짓할 것이다. 완공 후 한두 달 안에 2~3실을 전세로 놓는다면, 2억~3억 원은 쉽게 조달할 수 있으니 공사비 상환에 큰 몫을 한다.

리모델링은 아마도 당신이 인생에서 경험할 일생일

대의 사업이므로 반드시 성공시켜야 한다. 이를 위

해서 계획단계에서 주안점으로 다룰 사항인 외관

디자인 개발, 패러핏에 대해 알아본다. 리모델링 계

획부터 완공까지의 절차와 리모델링 공사의 종류를

세세히 살펴본다.

3부

리모델링의
주안점 및
리스크관리

아파트는 준공된 지 25년쯤 지나면 리모델링 추진위원회가 결성되고, 30년이 지나면 조합 설립을 비롯한 사업 추진이 단계별로 큰 무리 없이 진행된다. 사업이 잘 되면 소유주들은 새 아파트를 얻음과 동시에 가격 상승으로 재테크가 되기 때문이다. 아파트 리모델링은 정부나 지자체로부터 다양한 정책적 지원을 받을 수 있어 사업 추진이 수월한 편이다.

하지만 30년 이상 경과된 노후 중소형빌딩의 리모델링을 위한 정부 차원의 제도적 지원은 미미한 편이다. 오로지 건물주가 스스로의 역량과 판단으로 리모델링을 검토하고 추진해야 하므로 의사결정이 어렵고 더디다. 더구나 건물주가 리모델링을 추진하려 해도, 사전에 어떤 사항에 주안점을 둬야 하고, 어떻게 함으로써 재테크 효과를 거두며, 건물 디자인은 어떻게 개발하고, 임차인 퇴거는 어찌 진행해야 하는지 고민스럽다. 과연 어떤 건설회사가 믿을 만하고 유능한지, 또한 리모델링의 각 단계마다 발생할 수 있는 리스크가 어떤 것이며, 어떻게 대처해야 하는지 등에 대한 종합가이드가 부재함에 따라 리모델링 추진에 애로가 큰 것이 현실이다.

우리나라 꼬마빌딩이나 중소형빌딩의 대부분은 골조가 철근콘크리트구조로서 이에 대한 물리적 수명은 65년으로 보고 있다. 말이 65년이지 관리를 잘하면 80년 이상도 거뜬하다는 뜻으로 해석될 수 있다. 즉, 30~40년 경과한 중소형빌딩은 골조를 남겨 재사용하면서 필요 부위에 적절한 구조보강을 거치고, 전기와 상하수도관 및 설비시설 등을 모두 교체하면서 건물 내외부를 신자재로 마감하면, 다시 30~40년을 사용하는 데 문제가 없다.

그럼에도 불구하고 국내에는 중소형빌딩 리모델링에 필요한 주요 고려사항과, 이에 내재된 리스크를 다루는 심도 있는 안내서가 부재하다. 필자는 리모델링 컨설팅을 본업으로 하고 있고, 중소형빌딩 리모델링 분야 박사논문을 쓰고 있는 전문가로서, 리모델링을 계획하는 건물주와 투자자들에게 꼭 필요한 리모델링의 주요 고려사항과 단계별 리스크에 대해 이 장에서 자세히 설명해보려 한다.

리모델링 성공을 위한
주안점과 리스크 대처방안

입지분석에 따른 층별 임대구성 수립

노후 건물을 리모델링하기에 앞서 가장 먼저 해야 할 일이 입지분석이다. 입지란 해당 건물의 위치적 장단점과 그에 따른 흡객력을 분석하는 일이다. 임대구성(MD)계획의 기본은 건물이 유명상권에 있으면 상가건물로, 역세권의 중급상권에 있으면 1~2층은 상가, 3~4층은 사무실이나 주거시설로, 동네상권에 있으면 1층만 상가로 꾸미고 잔여 층은 주거시설로, 조용한 주거전용지역에 있으면 모든 층을 주거시설로 임대를 구성하는 게 좋다.

정부의 다주택자에 대한 중과세를 피하고자 주거지역에 있는 다가구주택을 상가나 업무용 건물로 리모델링한다면, 완공 후 공실 걱정을 피하기 어렵다. 중과세를 회피할 목적, 또는 입지를 무시하고 건물주의 이상 실현만을 위한 리모델링은 실패하기 십상이다. 즉, 누울 자리를 보고 누우라는 말이다. '내 땅은 최고'라는 자아도취에서 벗어나 냉철하게 건물의 입지를 분석하는 시야를 가져야 한다.

임차인 명도계획 수립

건물 안팎을 대수선하는 경우 임차인들을 모두 내보내야 공사하기 편하다. 임차인 명도를 위해 건물주는 임차인들과 협의하여 이사비와 중개수수료 및 일부 보상금을 지급하고 퇴거시켜야 한다. 리모델링에 대하여 임차인들에게 설명하고 양해를 구한 후, 적정 보상을 통해 3~4개월 내로 퇴거하도록 유도하는 것이 좋다.

문제는 1층이다. 2층부터는 권리금이 없는 경우가 많고, 있다고 해도 큰 금액이 아니다. 그러나 1층은 임차인이 입주할 때 지급한 권리금이 있기 마련이고, 입주할 때 투자한 인테리어비용도 있으므로 타의로 퇴거하는 경우 저항이 거세다. 가급적 상호 합의하여 권리금을 보상하면 좋겠지만, 그것이 여의치 않은 경우에는 1층 임차인이 공사기간에도 영업을 할 수 있도록 해주고 공사를 진행할 수 있다. 간혹 거리를 지나다 1층에 '정상영업합니다'라는 현수막이 걸린 채 상층부 공사가 진행되는 모습을 본 적이 있을 것이다.

이렇게 층별로, 호수별로 임차인들과 협의를 통해 명도비용을 산출해야 한다. 그러나 계획단계에서는 실행 전이므로 정확한 명도비를 산출하기 어렵다. 이 경우 그 지역 특성을 파악하여 대략적인 명도비용을 산출해야 할 것이다.

유능한 시공사 선정

우리나라에서 리모델링은 2010년경부터 본격화되었다. 그 이전에도 리모델링이 이루어졌지만 오늘날 첨단 기술력이 뒷받침된 리모델링의 원년은 2010년으로 본다. 이렇게 리모델링업계의 업력이 일천하므로 어느 업체가 잘하는지 일반인들은 잘 알기 어렵다. 일부 업체들은 SNS나 광고를 통해 공격적으로 홍보하고 있지만, 그런 업체들이 모두 잘하는 것은 아닐 수 있다. 조용하게 일하면서도 내공이 깊은 업체들이 더 많다. 유능한 건설사를 고르는 일은 리모델링 경험이 풍부한 건축사나 시공사, 지인, 전문가 등에게 도움을 받아 선정할 수 있다.

유능한 시공사는 유능한 건축사와 협업하고 있으므로, 준비단계에서 건축사가 현장 답사를 실시하고, 설계도면이나 건축물현황도를 통하여 1차적으로 리모델링에 문제가 없는지 파악한다. 이어 구조기술사에 의뢰하여 구조안전진단을 받아 공사에 대비한다.

외관 디자인 설정

건물 외관은 건물가치에 결정적인 영향을 미친다. '이왕이면 다홍치마'라는 말이 여기에도 적용된다. 빌딩 매매 시장에서 비슷한 수익률을 가진 매물들 중 건물 디자인이 예쁘면 쉽게 팔린다. 경우에 따라서는 수익률이 좀 낮아도 디자인에 꽂힌 매수인들이 매입을 다툴 수 있다. 현재는 낡고 몰골이 흉하지만 리모델링을 통해 신축 건물처럼 만들 수 있으므로, 외관 디자인 설정은 매우 중요한 작업이다.

건물 투자자라면 평소에 거리를 거닐면서 마음에 드는 건물이 보일 때 사진으로 남겨둘 필요가 있다. 또한 멋진 건물들이 많은 유명상권이나 신도시를 투어하면서 사진으로 저장해두면 도움이 된다. 필자의 경우 그렇게 수천 건의 건물 사진자료를 수집했다. 이러한 자료는 온라인을 통해 얻기도 한다. 입지분석에 따라 그에 적합한 빌딩 외관 디자인을 제공하는 일도 본업의 일부이다.

공사비 가견적 받기

리모델링 공사비에 대한 가견적을 받는 일은 그리 쉬운 것이 아니다. 말이 가견적이지 시공사 입장에서 가견적을 내려면 건물주와 상담하여 건물주가 원하는 건물 안팎의 공사 세부내용을 파악한 후, 현장을 방문하여 세부적으로 측정하고 점검해야 한다. 그 후 약 2~3주

정도의 기간 동안 건물 디자인(컴퓨터그래픽)도 마련하면서 견적을 준비한다. 그러므로 건물주가 단순히 공사비가 얼마나 되는지 떠보기 위해 가견적을 의뢰하는 경우, 그런 얄팍한 의도가 시공사에 읽히면 그들은 결코 가견적 작업에 착수하지 않는다. 시간과 비용 투입이 만만치 않기 때문이다. 건축사가 신축 부지에 대한 가설계를 떠줄 때 대충 떠준다면 되겠는가? 건축사든 시공사든 가견적이라 하여 대충 하지 않는다. 그러므로 이들에게 가견적을 받기 위해서는 진심으로 가견적에 이어 공사 도급계약을 체결하고 본 공사를 한다는 의지를 보여줘야 한다. 수없이 많은 리모델링 컨설팅을 수행한 유능한 전문가와 상담하면 큰 부담 없이 하루 이틀 안에 가견적을 받을 수도 있다.

도면과 실물의 일치 여부 확인하기

때로는 설계도면이나 건축물현황도가 실제 건물의 위치와 다른 경우가 있다. 도면상으로는 건물이 도로에서 50센티미터 거리를 두고 세워졌는데, 실제로 측정해보니 도로를 물고 있어 리모델링 자체가 안 될 수도 있다. 도로를 물고 있지는 않지만 도로에 거의 접한 지경이라면, 건물 외장재 부착 시 외장재가 도로를 침범할 수도 있기 때문에 문제가 된다. 또한 건물 내부의 부착물들을 철거하고 보니 바닥이 울퉁불퉁하고, 외벽이 도면과 다르게 설치되어 있고, 계단실 크기가 도면과 차이가 나고, 층별 높이가 도면과 달리 낮을 수도 있다. 이렇게 철거 후 드러난 실상이 도면과 다른 경우에는 이를 해결하는 데 상당한 시간과 비용이 추가될 수 있다. 이런 것은 공사에 착수한 후에야 발견할 수 있는 리스크이므로, 건물주는 마음의 여유를 가지고 해결책을 위해 시공사와 적극 협조해야 할 것이다.

완공 및 임대

완공시점이 다가오면 건물주는 주변의 공인중개사들의 도움을 받아 임차인을 구하려고 노력해야 한다. 구슬도 꿰어야 보배다. 멋지게 완공된 건물에 상응하는 높아진 임대료에 맞춰 임차인을 채워야 임대료가 발생하는 것이다. 따라서 사전에 A4용지에 완공 후 건물의 모습을 넣고 층별 면적과 보증금, 임대료 및 관리비를 기입한 임대안내서를 만들어, 중개업소를 돌면서 후한 중개수수료를 약속하며 홍보에 열을 올려야 한다. 신축이든 리모델링이든 완공 후 첫 임차인을 구할 때는 정상 중개수수료에 일부 인센티브를 얹어 홍보한다면 효과가 클 것이다. 이런 것은 부동산업계에서는 관행이다. 즉, 완공된 건물이 빌라든 사무실이든 상가든 준공된 후에 맨 처음 임차인을 들이는 경우, 법정수수료에 일부를 얹어 진행하는 것이 관행이란 말이다. 그만큼 첫 임차인을 구하는 일이 어렵기 때문에 건축주들이 그런 방식으로 임하다 보니 관행으로 정착된 듯하다.

빌딩 가치를 결정짓는
외관 디자인

사람을 처음 만날 때 3초 안에 첫인상이 파악된다고 한다. 처음 만났을 때 아주 짧은 시간이지만 상대방 얼굴을 심도 있게 관찰하게 되고 그 인상이 마음에 새겨진다. 사람 됨됨이야 시간을 두고 교류해 가면서 파악하겠지만, 첫 만남에서 각인된 이미지에 따라 그를 계속 만나며 관계를 맺을 만한 사람인지 여부가 판가름 나기도 한다. 이처럼 첫 인상은 매우 중요하다.

인간의 만남에서 중요한 첫인상은 대개 얼굴이 결정한다. 빌딩도 마찬가지이다. 빌딩의 얼굴은 빌딩의 외관이다. 투자자가 빌딩매물을 답사하러 갔을 때, 마주하는 건물의 얼굴이 멋지면 점수를 따고 들어간다. 첫인상이 훌륭하니 기분이 좋아지고 투자의욕이 발동한다. 건물의 옥상부터 층별로 내려오면서 계단실과 화장실, 실내와 로비, 승강기, 관리실 등을 주의 깊게 점검하며 세부사항을 평가하게 될 것이다.

임차를 원하는 고객이 멋진 건물을 마주하면 그 건물에 들어오고 싶기 마련이다. 누가 보아도 멋진 건물에 근무하니 거래처 사람들이 내방해도 손색이 없는 느낌일 것이다. 이런 건물을 임차한 법인이 신입사원을 모집할 때에도 사업장 이미지가 나빠 구직자가 면접장에 나타나지 않는 일은 없을 것이다. 건물이 보잘것없으면 구직자도 근무를 꺼린다. 더구나 구직자 대부분이 MZ세대인 지금, 임차한 건물의 매력적인 외관은 더 중요한 의미를 차지한다.

남녀 간 미팅에서 첫인상이 좋으면 대화가 화기애애하게 흘러가듯이 건물의 외관도 그만큼 중요하다. 외관이 예쁘면 내관도 대체로 준수하다. 겉만 번지르르하고 내부는 형편없는 경우는 드물다. 만족스러운 마음에 건물 투자자는 매수 결정을 내리기 쉽고, 임차인도 임대차계약을 체결하기 쉽다. 이런 연유로 공실 발생이 어렵고, 매각할 때에도 좋은 가격으로 쉽게 팔린다.

멋진 빌딩 외관을 갖기 위해 리모델링을 계획하는 건축주는 어떻게 해야 할까? 답은 외관에 관심을 두는 것이다. 거리를 걷다가 멋진 빌딩을 만나면 사진을 찍어야 한다. 날을 잡아서 멋진 건물이 그득한 유명상권이나 신도시 꼬마빌딩 거리를 답사하는 것도 필요하다. 마음에 드는 건물이 나타나면 사진을 찍고 안팎을 좀 더 살펴보자. 이렇게 축적된 사진자료는 자신이 꿈꾸는 빌딩 외관을 창조하는 데 결정적인 기초자료가 될 수 있다. 로망인 빌딩의 모습을 사진자료와 함께 건축사에게 전달하면, 건축사는 그 의도에 맞춰 컴퓨터그래픽 작업을 진행할 수 있다. 수차례 수정과 보완을 거치면 이상형이 구현되는 것이다.

모든 건축사들이 빌딩 외관 디자인을 잘할까? 그렇지 않다. 디자인 능력은 미적 감각이 뛰어난 사람이 가질 수 있는 다분히 선천적인 재능이다. 간혹 디자인에 관심이 큰 건축사는 후천적 노력으로 상당한 경지에 오르기도 하지만, 그런 사람을 찾기는 쉽지 않다. 유능한 성형외과 의사처럼 건축사도 마찬가지이다. 그들의 업적은 실제로 작업한 실적을 통해 확인할 수 있다.

그러면 어떻게 훌륭한 건축사를 찾을 수 있을까? 예쁜 건물의 소유주에게 물어볼 수도 있고, 지인으로부터 소개받을 수도 있다. 인터넷 서핑으로 찾아도 되고, 필자 같은 신축이나 리모델링 컨설팅 전문가를 찾을 수도 있다. 요는, 멋진 외관을 얻기 위해서는 돈이 든다. 공짜로는 얻을 수 없다.

다음 사진에서 평범한 외관 디자인 사례는 보통 수준의 건축사에게 의뢰했을 때 구현되는 건물 모습이다. 우리 주변에서 아주 흔하게 볼 수 있는 1980~1990년대에 준공된 건물 유형이다. 반면, 고품격 외관 디자인 사례를 보면 멋지고 예사롭지 않다는 것을 금세 알 수 있다. 공들인 티가 나고 품격이 느껴진다. 소유하고 싶은 마음이 들 것이다. 드러내놓고 자랑할 만하다. 이렇게 멋진 건물은 시장에서 정상가격에 수억 원을 얹어 거래된다. 흔하지 않다는 점, 멋진 외관이 눈에 띈다는 점, 공실 걱정이 적다는 점 등으로 선호도가 높기 때문이다.

멋진 건물을 지을 때에는 공사비도 조금 더 든다. 섬세하게 신경을

평범한 외관 디자인 사례

고품격 외관 디자인 사례

써서 시공을 해야 하니 그만큼 품이 더 드는 것이다. 하지만 들인 비용 대비 건물가치는 몇 배 더 크다. 따라서 이런 차이를 경험한 건물주들은 다음 작품을 건축하거나 리모델링할 때 몸값이 높은 건축사를 또 찾는다.

보통의 건축사 설계비는 꼬마빌딩을 기준으로, 연면적 평당 20만 원 전후라고 보면 된다. 그에 비해 보다 고품격 외관의 건물들을 디자인해본 유능한 건축사에게 맡기면, 설계비가 비쌀 뿐 아니라 디자인비를 별도로 받는다. 꼬마빌딩의 경우 디자인 비용으로 적게는 2,000만 원부터 많게는 7,000만 원까지 받는다. 건물 규모가 크면 비용은 당연히 더 올라간다. 멋진 디자인은 창작의 소산이므로 보수가 높은 편이고, 유명한 건축사는 그만한 가치를 인정받으므로 대우를 받는 것이다. 높은 값에도 불구하고 그런 건축사의 고객은 늘 많을 수밖에 없어 그들에게 의뢰하는 일이 쉽지도 않다.

디자인 비용을 줄이기 위한 방법도 있다. 스스로 멋진 디자인을 다수 구해서 중상급 건축사에게 의뢰하여 수차례 수정을 거쳐 이상을 구현할 수도 있고, 가성비 좋은 건축사 및 시공사와 연계하여 활동하는 전문가를 찾으면 의외로 저렴하게 이상을 실현할 수도 있다.

패러핏이
왜 중요한가?

　패러핏(parapet)? 아마 처음 접하는 단어일 수 있다. 패러핏이란 건물 옥상의 난간이나 추락 방지를 위해 설치한 낮은 장벽을 뜻하는 말인데, 현대에 와서는 건물을 더 높고 아름답게 보이도록 옥상에 장식하는 모든 장식용 구조물을 통칭하는 말이다.

　빌딩 투자에 관심을 가지고 거리를 걷다 보면, 4층 건물인데 5층처럼 보이도록 가벽이 설치된 건물을 발견할 수 있을 것이다. 아무 생각 없이 다닐 때는 보이지 않다가도 관심 있게 살피면 패러핏이 의외로 많다는 것을 알 수 있다. 세상은 아는 만큼 보인다는 말을 실감할 것이다.

　패러핏 모양도 각양각색이다. 마치 왕관처럼 철제 구조물로 장식하기도 하고, 사옥으로 쓰는 경우 회사 로고를 부착할 수 있도록 패러핏에 간판걸이를 넣기도 하며, 가벽을 설치한 정도에 그치지 않고 실제로 건물이 있는 것처럼 가벽에 유리창을 부착한 경우도 있다. 또한 패러핏 높이를 한 층의 높이보다 훨씬 더 높게 올려 건물이 웅장하게 보이는 효과를 노린 사례도 많다.

이렇게 패러핏을 설치하는 이유는 무엇일까? 건물이 멋있어 보이고, 매도할 때 신속하고 비싸게 팔 수 있고, 임차인을 쉽게 구할 수 있기 때문이다. 패러핏은 꽃단장할 때 머리에 각종 장식을 다는 것과 같은 효과라고 생각하면 된다. 머리를 틀어 올려 장신구를 꽂고 머리핀을 부착하는 이유는, 건물에 비유하면 상층부를 단장하여 전체적으로 예쁘게 보이도록 꾸미는 것이다.

빌딩 투자자나 보유자는 자신의 건물을 최대한 멋있게 꾸미는 데 관심을 두어야 한다. 빌딩을 보유했으니까 관리는 수위에게 맡기고, 그저 골프나 치고 여행 갈 궁리만 해서는 공실이 발생하기 십상이다. 작은 관리는 관리인이 하지만, 큰 관리는 건물주가 해야 한다. 패러핏 설치는 큰 관리에 속한다. 돈이 되고 실용적인 큰 관리이다.

평소 거리를 걷다가 멋진 패러핏을 발견하면 열심히 촬영하여 사진으로 남겨두자. 온라인 검색으로 좋은 디자인을 발견하면 캡처해두자. 이런 것들이 모이면 나중에 건물을 짓거나 리모델링할 때 요긴하게 쓰인다. 그렇게 모은 자료로 수정을 거쳐 실물로 구현한 패러핏은, 건물을 보유하는 동안에는 공실을 줄여주고, 매각할 때에는 높은 가격으로 팔 수 있는 기반이 된다. 다음은 필자가 보유한 수많은 패러핏 자료들 중에서 일부를 간추려 본 것이다. 사진의 건물 맨 꼭대기에 주목하라.

컬러를 달리한 패러핏

모자 챙 같은 장식

현란한 색상의 패러핏

층고 높은 패러핏

조각작품 같은 패러핏

심미적인 옥상가든 콘셉트

리모델링
계획부터 완공까지
A to Z

물건분석

서양 속담에 '그 양반집 거위는 모두 백조래(All his geese are swans)'라는 말이 있다. 우리 눈에는 분명히 거위인데 그분은 백조라고 우긴다는 말이다. 고슴도치도 제 자식은 예쁘게 본다. 건물주도 마찬가지다. 자기 건물은 참 잘 지어졌고 위치도 좋다고 생각한다. 공실이 나는 건 임차인들의 안목이 낮은 탓으로 돌린다. "왜 이 좋은 건물을 두고 다른 곳으로 떠난단 말인가"라고 중얼거리며 남 탓만 하는 사고를 지닌 사람은, 자기 건물에 대한 객관적 평가가 어렵다. 나르시시즘에 빠진 건물주에겐 눈을 씻고 보아도 자기 건물에 딱히 단점이 없기 때문이다.

그러나 리모델링을 제대로 추진하기 위해서는 자신의 건물에 대해

1 물건분석

2 수지분석

3 명도계획

4 외관 디자인

5 공사범위

6 도급계약

7 인허가

8 착공

9 외장공사

10 내장공사

11 완공

12 관리계획

냉정하게 평가해야 할 뿐만 아니라, 남들보다 더 가혹한 기준을 들이대야 한다. 그래야 실패할 확률이 줄어든다. 리모델링도 하나의 사업이기 때문이다.

냉정하게 내 건물을 평가하기 위해서는 어떻게 해야 하나? 우선 공적장부를 떼어 점검해야 한다. 토지이용계획확인원을 떼어 용도지역을 체크하자. 자신의 건물이 위치한 토지의 용도지역이 뭔지를 알아야 한다. 2종일반주거지역인지, 3종일반주거지역인지, 지구단위계획구역이나 경관지구에 속한 것은 아닌지 확인해야 한다. 리모델링을 하려 해도 지역지구 제한에 따라 리모델링이 불가할 수도 있다. 건축물대장을 떼어보자. 용적률을 점검해 여유가 있으면 리모델링하면서 한두 층을 증축하여 임대수입을 높이고 건물가치를 제고할 수도 있다.

리모델링으로 임대수입을 높이려면, 내 건물의 위치에 따른 장점과 단점을 파악하여 층별 맞춤형으로 임대계획을 짜야 한다. 조용한 주거지역에 있는 건물을 통상가로 구성하거나 사무실로 임대하기를 원한다 하여 그렇게 리모델링한다면, 공실 걱정으로 세월을 보내야 할 수 있다. 이상과 현실은 다르다. 내 건물의 입지가 상권력이 미약하다면 주거시설 위주로 층별 임대계획을 수립해야 할 것이다. 동네 상권 정도라면 1층은 상가로, 잔여 층은 주거시설로 구성할 수 있다. 역세권에 먹자상권이 형성된 곳이라면 전체를 상가로 꾸밀 수 있을 것이다. 이처럼 해당 건물의 입지분석을 통해 층별로 어떤 업종을 유치할지에 대해 냉정하게 판단해야 한다.

수지분석

물건분석을 마쳤다면 대략적인 공사비 규모를 알아봐야 할 것이다. 리모델링 전문 건설사를 통해 가견적을 받아볼 수도 있고, 리모델링 컨설팅 전문가를 찾아 상담과 가견적을 받아볼 수 있겠다. 참고로 건설사를 통한 가견적을 받으려면, 리모델링을 확실히 추진할 의사를 표시한 후에야 가능할 것이다. 말이 가견적이지 건설사는 건물 답사를 하며 층별로 제원을 측정하고 상태를 점검한 후, 건물주 의사를 반영하여 2~3주에 걸쳐 시간과 노력을 투입한 후 가견적을 낸다. 이렇게 공을 들이는 작업이므로 단순히 공사비 규모를 체크하려는 가벼운 마음으로 임해서는 제대로 된 가견적을 얻기 어렵다.

반면, 수많은 리모델링 컨설팅을 수행한 노련한 전문가는 굳이 건물 내외부를 측정하거나 세밀한 점검을 수행하지 않고도, 자신만의 노하우를 바탕으로 단기간 내에 실제에 근접한 공사비 규모를 산출해

주기도 한다. 방대하게 축적된 데이터와 경험으로 가견적 산출이 가능하다.

　대략적인 공사비를 알아냈다면 주거래 은행에 의뢰하여 담보대출 가능금액을 체크하자. 돈을 쌓아두고 리모델링을 계획하는 경우를 제외하고는 공사비 조달은 해당 건물을 담보로 대출받는 것일 텐데, 과연 대출이 얼마나 나올지 미리 타진해두는 게 좋다. 부족하다면 자신이 소유한 다른 부동산을 공동담보로 제공하여 대출금액을 맞출 수도 있겠다.

　다음으로는 앞에서 언급한 층별 임대계획에 따라 리모델링 공사가 끝난 후에 예상되는 임대수입을 추정하는 것이다. 임대료의 기준은 주변의 비교 가능한 신축 건물의 층당 임대료를 파악하고 내 건물에 대입하여 산출할 수 있다.

　리모델링하기 전의 낡은 건물을 임대할 때는 관리비를 별도로 부과하지 않았을 수도 있겠지만, 완공 후에는 신축급으로 재탄생된 만큼 관리비를 부과해야 한다. 관리비 징수를 통하여 청소비, 승강기 점검비, 수도세, 공용 부분 전기세와 관리인 급여 등을 커버할 수 있다.

　총공사비가 산출된 후에는 예상 임대수입을 기반으로 하여 시장에서 통할 임대수익률을 기초로 건물가치를 추정할 수 있다. 즉, 서울지역 비강남권 역세권 이면지역에 위치한 꼬마빌딩이라면, 2023년 기준 시장에서 통할 수 있는 양호한 임대수익률인 2.5%에 놓고 역산하여 건물가치를 측정할 수 있다. 가령 완공 후 예상 임대료가 보증금 2억 원에 월세 1,000만 원이라면 산출식에 따라 계산했을 때 50억 원(1,000

만 원 × 12개월/0.025 + 보증금 2억 원)이다.

건물 투자를 해보지 않은 초보자들 중에는 "대출이자가 4~5%인데 임대수익률이 2.5%에 불과한 것에 투자하면 밑지는 게 아닌가", "그런 것을 사라고 하는 건 사기"라는 말을 한다. 이는 하나만 아는 소리이다. 부동산가치는 감정평가사들이 가격을 매기는 방법 중 하나인 복성식평가법으로 볼 때 토지가치와 건물 잔존가치의 합이다. 임대수익률은 겉으로 드러난 수익률일 뿐이지만 숨어 있는 토지가격은 서울 지역의 경우 매년 최소 5%씩 상승한다. 공시지가 추이가 이를 증명한다. 즉, 임대수익률이 2.5%라면 토지가치 상승분을 포함하면 연간 최소 7.5%라는 것이다. 운 좋으면 3년 안에 두 배로 뛰기도 한다. 서울에서 2020년 초부터 2022년 초까지 2년 동안 적게는 50%, 비싼 동네는 100%까지 땅값이 상승했다.

리모델링 전 낡은 건물의 가치를 평가할 때는 건물가치는 없는 것으로 하고 토지가격을 시세에 대입하면 된다. 가령 토지가 50평이고 시세가 평당 6,000만 원이라면 리모델링 전의 부동산가치는 30억 원이다. 여기에 리모델링 공사비가 8억 원이라면 총투입비는 38억 원이다. 만일 리모델링 용도로 낡은 건물을 매입한 경우라면, 30억 원에 취득세와 중개수수료 및 법무사비를 더해야 할 것이다. 이때 대략적인 구입비용은 31억 6,000만 원쯤 될 것이다. 여기에 공사비 8억 원을 더하면 총투입비가 39억 6,000만 원이 된다. 따라서 39억 6,000만 원을 들여 리모델링한 결과 건물가치가 50억 원이 되었다면 성공적인 투자이다. 수지분석의 핵심은 투입된 공사비만큼 건물가치가 상승했는지 여부이다. 이 경우에는 공사비가 8억 원인데 건물가치 상승이 10억 4,000만 원이므로 공사비보다 건물가치가 더 상승했으니 성공이라는 뜻이다.

임차인 명도계획

리모델링 시에는 가급적이면 임차인 모두를 내보내는 것이 좋다. 이를 명도라 한다. 명도는 비용이 발생한다. 상가임차인이나 주택임차인들의 임대차 종료시점을 파악하고 잔여기간에 따라 명도시점을 설정할 수 있을 것이다. 상가임대차보호법은 10년, 주택임대차보호법은 4년을 보장하고 있기에 층별 임차인들의 임대차 종료시점을 세밀하게 파악하여 명도비용을 추정해야 한다. 아무리 법이 정한 임대기간이 종료된 경우라도, 임차인들에게 무조건 나가달라고 하면 되는 게 아니므로 협의를 통해 적절한 보상이 필요하다. 이사비용과 중개수수료 및 일부 보상금을 지급해야 할 것이다.

명도비에서 가장 큰 부분이 권리금이다. 특히 시설비가 많이 투입된 1층은 권리금이 높게 형성되어 임차인과 타협하기가 쉽지 않다. 이 경우 건물주는 1층 임차인을 명도하지 않고 공사기간 동안에도 영업을 할 수 있도록 해주고 공사를 진행할 수 있다.

외관 디자인 설정

건물이나 사람이나 외모는 중요할 수밖에 없다. 건물가치에 이렇게 중대한 영향을 미치는 이미지를 만드는 방법은 앞서 설명했다. 건물이 리모델링된 후의 모습은 전문가의 조력을 받아 공사하기 전에 자신의 마음에 들도록 디자인하여 미리 볼 수가 있다. 외관 디자인 설정의 포인트는 입지에 최적화된 층별 임대구성을 수행한 후에, 그에 어울리는 이미지를 설정하는 것이다. 상가건물로 리모델링하는데 주거시설 이미지를 입히면 안 되고, 반대로 주거시설에 상가건물의 이미지를 입혀서도 안 된다. 즉, 입지와 건물 용도에 어울리는 옷을 코디한다는 심정으로 건물외관 이미지를 설정해야 한다.

건물주 스스로 이미지를 설정하는 것은 사실 어려운 일이다. 이럴 때 손쉬운 방법은 전문가에게 의뢰하는 것이다. 유명한 건축사에 이미지를 의뢰하고 설계를 맡기면 설계비 외에 수천만 원이 추가된다는 점도 기억하라. 또한 시공사에 공사를 맡기면 시공사와 협업하는 건축사를 통해 이미지를 도출할 수 있다. 시공사나 건축사 입장에서는 상당한 시간과 노력을 기울여야 하는 작업이므로, 최소 수백만 원의 비용이 든다는 것을 참고해야 한다. 시공사와 건축사의 역량에 따라 건물 이미지의 퀄리티는 천차만별이다.

멋 부린 꼬마빌딩

통상가 건물

멋진 외관의 사옥

예술적 외관 건물

공사범위 설정

건물 외관 이미지를 설정했으면 내외관 자재를 결정해야 한다. 외관공사비는 전체 공사비의 약 25% 정도 소요되므로 어떤 자재를 사용하느냐에 따라 공사비가 달라진다. 잘 보이는 전면은 좋은 자재를 사용하고, 가려진 부위는 단열성능은 좋지만 가격이 저렴한 자재를 사용하는 것도 가성비를 높이는 방법이다. 가장 비싼 자재에는 커튼월이나 메탈패널, 대리석 등이 있으며, 다음으로는 벽돌이 있다. 가장 저렴한 자재는 스타코나 드라이비트 정도로 보면 된다.

건물을 한층 더 높게 보이도록 만들려면 패러핏을 설치해야 하며, 4층 이상 건물의 경우 가급적 승강기를 설치하면 좋다. 다만, 상권이 미약한 지역이나 지방도시의 변두리에 위치한 건물에는 비용을 감안하여 승강기 설치 여부를 결정하면 된다.

내부공사의 경우 우선 모든 설비와 전기선, 통신선을 교체해야 30년 이상 건물을 사용할 수 있다. 로비가 있다면 럭셔리하게 꾸미고, 바닥과 천장 마감은 유행에 따른 무난한 재료를 선택하면 된다. 계단실은 중요하므로 벽면은 타일이나 페인트로 마감하고, 핸드레일은 필히 교체하는 것이 좋다. 계단 바닥은 상태에 따라 기존 바닥이 양호하면 그대로 유지할 수 있고, 불량하다면 석재나 타일 등으로 교체해야 한다. 화장실의 현대화는 매우 중요하므로 여기에 돈을 아끼지 말자. 옥상 방수를 철저히 하고 옥상에 정원을 꾸미는 것도 고려하자.

도급계약 체결

　건물주가 리모델링 전문 건설회사를 선정하고 처음 상담할 때, 건물주는 공사범위에 대하여 건설사에 전달하고 그에 따른 가견적을 의뢰한다. 가견적 산출작업이 진행되는 동안 시공사는 고객이 다른 건설사로 발길을 돌릴 수도 있으므로, 가급적 공사비 산출에만 집중하고 건물 이미지 도출 작업에는 전력을 다하지 않는다. 따라서 건설사의 시공 이력을 파악하고 상담을 통해 신뢰가 쌓였다면, 건물주는 건설사와 도급계약을 체결하고 외관 디자인을 비롯한 후속작업을 진행하는 것이 좋다. 그래야 본격적인 일이 추진된다.

　도급계약이 체결되면 시공사는 건축사와 함께 철거계획서를 작성하고 리모델링 설계와 건물 이미지 도출 작업에 착수한다. 건물주와 시공사는 수시로 만나 설계도면에 대한 토론과 수정을 거쳐 그에 따른 공사비를 재조정한다. 건물 이미지도 건물주의 마음에 들 때까지 다양한 버전으로 도출하여 제시한다.

인허가 진행

　리모델링을 하려면 건설사와는 별도로 건축사와 계약을 체결해야 한다. 대개 건설사의 안내에 따라 협업 건축사와 계약을 체결할 것이다. 계약 체결 후 건축사는 철거계획서를 작성하여 지자체에 허가를 구한다. 광주광역시 건물철거 사고 이후 철거심의가 부쩍 강화되어 까다롭다. 심의기간만 한두 달 소요되므로 공사기간이 그만큼 늘어났다는 것을 알아두면 된다. 건축사는 철거계획서와는 별도로 설계도면을 작성하여 인허가를 진행함과 동시에 그에 맞는 건물 이미지를 도출하여 건물주의 동의를 구한다. 마음에 들지 않으면 계속 건물주의 의사를 반영하여 수정작업을 진행한다.

착공

대수선과 철거계획 허가가 나면 착공 신고 후 본격적인 공사에 돌입한다. 먼저 건물 내부와 외부의 부착물들을 제거한다. 설계도면에 따라 벽이나 기둥, 계단실을 철거할 수 있고, 승강기 설치를 위해 슬래브를 도려내는 작업을 수행한다. 사전에 진행한 구조안전진단에 따른 구조보강과 보수작업을 실시한다. 사전 답사에서는 발견되지 않았지만 철거 후 드러난 구조부에 부실 상태가 심각한 경우, 그에 따른 추가 보강작업이 수반될 것이고 추가공사비가 발생한다. 시공사의 견적은 건물을 뜯어보기 전에 기본적인 상태를 상정하여 산출한 것이므로 구조물이 열화된 상태가 철거 후 드러날 수 있다. 그에 따른 추가공사가 필요하다면 불가피하게 공사비 증액이 발생한다는 점을 이해하고 협조하는 자세가 필요하다.

외장공사

건물 외관작업을 위해서는 건물 외벽에 각파이프를 설치하여 석재나 패널을 부착할 수 있으며, 커튼월의 경우 창문을 떼어내고 프레임을 설치한 후 유리를 끼우고 실리콘으로 마감한다. 창호공사의 경우 단열이 불량한 기존의 유리를 이중유리나 삼중유리로 교체한다. 옥상에 패러핏을 설치할 수 있고, 입주민의 휴게공간 조성 차원으로 옥상에 정원을 꾸며도 좋다. 또한 옥상에 건물주를 위한 텃밭과 정원을 설치할 수도 있다. 1층 바닥을 정비하여 포장하고, 주차구획을 그리거나 재설정할 수 있다.

내장공사

건물 내부공사인 내장공사에는 설비시설과 전기통신시설의 교체, 칸막이 공사, 바닥과 천장공사, 도배공사, 바닥 난방공사, 화장실 개선 공사 등이 있다. 승강기를 새로 설치한다면 이 공사도 포함된다. 경우에 따라서는 계단실을 철거하고 다른 곳으로 이전할 수도 있다. 가령 계단실이 건물 중앙에 있어 층당 좌우로 임대부가 나뉘어 있는 경우, 계단실을 좌측이나 우측 끝으로 옮길 수도 있는 것이다. 이때는 구조 보강공사를 거쳐 조심스럽게 진행된다.

완공

공사가 완료되면 건축사는 지자체에 사용승인을 신청한다. 설계도면에 따라 공사가 정상적으로 진행된 경우 사용승인이 난다. 그러면 건축주는 시공사에 잔금을 치르고, 건축물대장에는 리모델링 내역이 등재될 것이다.

관리 및 매각 계획

건물주는 완공이 임박하면 임대를 위한 마케팅에 신경을 써야 한다. 임대안내서를 작성하여 주변의 중개업소를 돌며 임대를 의뢰하거나, 특정 중개사나 중개법인에 전속중개를 의뢰할 수 있을 것이다. 만일 매각을 목적으로 리모델링한 경우, 그에 따른 매각 마케팅을 진행해야 한다. 보유를 목적으로 하는 경우, 건물관리를 건물주가 직접 할 것인지, 전문업체에 위탁할 것인지, 관리인을 채용하여 수행할 것인지 사전에 준비해야 할 것이다.

중소형빌딩
리모델링 공사의 종류

　필자의 부동산학 박사논문의 제목은 〈중소형빌딩 리모델링 리스크 요인과 공종의 유형화 연구〉이다. 수많은 선행연구를 검토해보니 아파트 리모델링에 대한 연구는 많지만, 정부나 지자체의 관심에서 벗어난 중소형빌딩 리모델링에 대한 체계적인 연구는 매우 부족하다는 것을 실감했다. 선행연구를 반영하고 필자와 유기적으로 협력하는 리모델링 전문가집단과의 심층토론을 거쳐, 중소형빌딩 리모델링의 20개 공종에 대하여 다음과 같이 정리했다.

가설공사

　가설공사란 본 공사를 능률적으로 수행하기 위하여, 대상 건물을 감싸는 비계를 설치하여 일시적으로 공사에 활용하는 작업으로서, 낙하물방지망과 가설울타리도 함께 설치해야 한다. 비계의 종류에는 가장 널리 사용되는 시스템비계를 비롯해 강관비계, 곤돌라 등이 있다. 비계 설치 시에는 공사 중 예상되는 소음과 분진의 발생을 최소화하고, 작업자나 건자재의 추락 등 안전사고를 예방해야 하며, 보행자들의 원활한 통행을 보장하고, 공사차량 출입과 양중작업 등 제반사항을 신중히 검토하여 설치해야 한다.

철거공사

리모델링에서의 철거는 신축에서의 철거와는 근본적으로 다르다. 리모델링에서의 철거는 기존 건물의 상태를 정확히 파악하여 리모델링으로 원하는 건물을 완성하기 위한 목적으로 필요한 부분의 구조적 성능은 훼손하지 않으면서 불필요한 부분만을 철거하는 것이기에 엔지니어링적인 철거작업이 이루어져야 한다. 건물을 신축하는 경우 골조를 포함한 모든 건축물의 구성요소를 철거하는 데 반하여, 리모델링에서는 골조는 남기고 철거해야 한다. 따라서 보존해야 할 부분과 철거해야 할 부분을 세밀하게 계획하고, 보존해야 할 부분에 진동이나 충격으로 영향을 주지 않도록 조심스럽게 철거해야 한다.

골조증설공사

건물의 뼈대인 골조를 증설하는 것은 리모델링 설계도면에 따라 이루어지며, 내진보강이나 기존 구조를 활용한 확장, 증축, 불필요한 부분 철거 등의 방법으로 골조가 재구성된다. 증축을 겸한 리모델링의 경우, 공사의 편의성과 하중을 고려하여 경량골조인 H빔을 기존의 콘크리트구조물 위에 설치하는 방식으로 골조를 구성한다. 즉, 리모델링에서 골조증설공사는 주로 H빔 등 경량철골 재료를 사용하여 수평증축이나 수직증축에 수반되는 골조를 증설하는 공사이다.

보수보강공사

건축물은 준공 후 시간의 경과에 따라 물리적 변형이나 성능저하 등 구조물의 열화가 진행되는데, 사용하중의 변경, 설계조건의 상이, 재료나 시공상의 문제 등이 복합적으로 작용하여 발생한다. 구조물의 내력이 부족하면 안전성에 심각한 영향을 미치므로 기존 건물에 대한 정밀안전진단을 수행하여, 상태평가와 안전성평가 결과에 따라 손상 및 결함이 있는 부위 또는 부재에 대하여 내진보강을 비롯한 보수와 보강공사를 수행해야 한다. 보수보강공법으로는 강판보강, 철골보강, 콘크리트 증타, 기둥 증설, 포스트텐션보강, 탄소섬유시트보강 등이 있다.

열화한 구조체의 보수공사에는 콘크리트의 중성화를 억제하는 모르타르바름공법과 표면도장공법이 있다. 0.2밀리미터 이하 균열에는 표면을 도막으로 피복하는 표면 실(seal)공법, 0.2~1밀리미터 사이 균열에는 수지계나 시멘트계 재료를 주입하여 방수성과 내구성을 향상하는 주입공법이 있다. 1밀리미터 이상의 균열에는 에폭시 수지나 무기재료를 충전하는 충전공법 등이 있다.

외피공사

건물에 대한 대중의 이미지 각인에 절대적인 영향을 미치는 외관은 빌딩가치를 좌우하는 핵심요소로서, 리모델링에서 가장 신중을 기해야 하는 부분이다. 외피공사 시에는 단열성능을 높이고 유지관리가 용이한 외장재를 선택하는 것이 중요하다.

외장의 대표적인 손상으로는 외벽 콘크리트의 열화로 인한 균열, 누수가 있고 외벽 모르타르 마감 열화로 인한 백화, 균열, 들뜸, 탈락이 있으며, 외벽 도장 마감 열화로 인한 오염, 변색, 광택 저하, 균열 등이 있다.

외장재의 종류로는 저렴한 비용의 드라이비트를 비롯하여 현재 가장 광범위하게 사용되는 메탈패널, 개방감이 좋은 커튼월, 내구성과 중후한 멋이 있는 석재, 건식공법이 가능한 타일, 컬러벽돌 등을 들 수 있다. 벽체에 외피를 입히기 전에, 건물의 단열성능 향상을 위해 단열재를 벽면에 부착하는 공사도 외피공사의 범주에 포함된다.

창호·유리공사

건물의 개방감과 환기에 중요한 창호는 기후와 공기 중 이산화탄소 등의 영향으로 열화가 진행된다. 철재 창호는 부식의 위험성이 크고, 알루미늄 창호의 경우에도 부식 방지가 어려우므로, 기존의 모든 창호는 리모델링 시에 교체해야 한다. 유리는 이중유리를 기본으로 하되 최근에는 햇빛을 반사하여 단열기능을 향상한 로이유리가 널리 사용되고 있다. 또한 최근의 건축 트렌드는 외관의 개방감과 관리상의 편의성 때문에 유리로 외벽을 마감하는 커튼월 방식이 유행하고 있는데, 이는 하중이 적고 시공이 용이하며 공기단축에 유리하기 때문이다. 커튼월 시공 방식에는 유니트 방식, 패널방식, 스틱월, 조합방식 등이 있다.

엘리베이터 신설공사

2000년대 이후 건물 신축 시에는 엘리베이터를 설치하는 것이 보편화되어 있지만, 그 이전에 축조된 지상 4~5층 건물에는 엘리베이터가 설치되지 않은 경우가 많다. 최근에는 리모델링을 할 때 이용의 편의성 제고 차원으로 엘리베이터를 신설하는 사례가 많다. 설치방법으로는 계단참에 위치한 화장실 공간을 도려내어 그곳에 승강기 관로를 설치하거나, 건물 내부의 일부 공간을 할애하여 설치할 수도 있으며, 건물 외벽에 덧붙여 설치하는 방식 등이 있다.

주차시설증설공사

증축을 겸한 리모델링 시에 증가된 건축면적에 대한 법정 주차대수를 추가로 확보해야 한다. 주택을 증축하는 경우는 처음 145㎡에 1대를 추가해야 하고, 그다음 100㎡마다 1대씩 추가해야 하며, 근린생활시설을 증축하는 경우는 134㎡마다 1대씩 추가해야 한다. 이 공사는 증축으로 인하여 주차시설 증설이 필요할 때에만 수행된다. 주차시설을 증설할 때 기계식 주차시설을 설치하거나, 지상의 유휴공지에 주차구획을 설정할 수도 있다.

철근콘크리트공사

건물의 골조를 구성하는 공사인 철근콘크리트공사는 리모델링에서는 수평이나 수직증축 시에만 발생하는 공사로, 거푸집공사도 여기포함된다. 이 공사는 콘크리트의 강점인 압축력과 철근의 강점인 인장력을 상호 보완하여 견고한 골조를 만드는 것이다. 다만 증축을 겸한 리모델링이라 하더라도, 최근에는 기존 건물에 하중의 부담이 적은 경량철골조를 이용하는 사례가 증가하고 있어 이 공사가 생략되기도 한다.

조적공사

조적공사란 설계도면에 따라 방이나 사무실 구획에서 내력벽이 아닌 곳에 벽돌이나 콘크리트 블록 등을 쌓아 칸막이를 만드는 공사이다. 조적공은 흙손을 이용하여 벽돌을 쌓는데, 쌓는 방식에 따라 길이쌓기, 엇갈려 쌓기, 영국식 쌓기, 화란식 쌓기 등이 있다.

미장공사

미장공사는 흙손을 이용하여 벽, 반자, 바닥 등에 회반죽이나 모르타르 등을 발라 표면을 매끄럽게 마무리하는 공사로서, 공사내용은 바탕을 꾸미는 일과 재료를 배합하여 반죽하는 일, 직접 바르는 일로 구분된다.

금속공사

금속공사는 건설공사에서 금속류를 다루는 설비공사, 철근공사, 창호공사 등을 제외한 나머지 공사의 총칭으로서, 건축물에서 금속 재질로 이루어진 제반 시설물을 제작하는 공사이다. 철제 계단, 환기 탑 및 환기구, 금속류로 제작된 각종 구조물 등을 제작하거나 설치하는 공사이다.

지붕공사

중소형빌딩은 대체로 철근콘크리트조이며 지붕 형상이 슬래브지붕(평지붕)인 경우가 대부분이다. 지붕공사는 우레탄 방수공사로 처리하는 경우가 일반적이다. 그러나 경사진 형태인 박공지붕은 지붕틀을 설치한 후에 방수지를 깔고 그 위에 아스팔트 루핑이나 징크판을 비롯한 메탈 재료를 붙여 마감한다.

방수공사

일반적으로 건축물 하자의 가장 큰 부분을 차지하는 것이 누수이다. 리모델링에서 방수공사는 기존 건축물의 지하나 옥상, 외벽, 화장실 등에서 누수를 방지하기 위해 시행하는 공사이다. 방수공사가 부실하면 누수 발생이 잦고 반복되는 특성이 있으며 보수를 위해 많은 비용이 소요되므로, 방수 부위에 따라 적절한 공법을 선택해야 한다. 방수공법으로는 아스팔트 방수, 시멘트 액체 방수, 도막 방수, 실링 방수 등이 있다.

타일공사

타일은 점토나 암석의 분말 등을 소성하여 만든 외장재로서, 유려하며 내수성이 강하고, 시공성이 우수하며 청소가 용이하다. 또한 색상과 디자인이 다양하여 건물의 외벽면이나 내벽, 계단실, 화장실 등에 붙여 방수와 미관 효과를 볼 수 있어 널리 사용된다.

수장공사

내부벽체마감공사, 단열공사, 도배공사, 천장공사, 바닥공사 등 건물 내부의 인테리어 마감공사를 통칭하여 수장공사라 한다. 단열공사는 벽체에 각종 단열재를 부착하여 석고보드로 마감하거나, 벽체에 하지작업을 거쳐 우레탄폼을 분사하여 마감하는 등 시공방법이 다양하다. 도배공사에 사용되는 재료에는 종이제, 섬유제, 플라스틱제 및 금속제 등이 있다. 천장공사는 기존의 부착물을 철거한 후에 신규 마감을 수행하는 것이다. 최근에는 업무시설이나 근린생활시설의 경우, 기존 천장 마감을 모두 철거한 후에 슬래브와 보를 노출시킨 상태에서 도장으로 마감하는 노출천장 방식이 유행하고 있다. 바닥공사는 PVC 소재를 비롯하여 타일, 목재, 콘크리트폴리싱, 에폭시 등으로 다양하게 연출할 수 있다.

도장공사

건물의 표면이나 천장, 바닥 등에 롤러나 고압 분사기를 이용하여 페인트를 칠하는 공사로서 방부와 방청, 방화기능 및 미관을 목적으로 수행하는 공사이다. 페인트의 종류에는 가장 폭넓게 쓰이는 수성 페인트를 비롯하여 오일페인트, 방청페인트 등이 있고, 기능성 도료에는 핸디코트, 밀크페인트 등이 있다. 최근에는 젊은이들이 선호하는 천장을 노출시켜 마감하는 방식의 페인팅이 유행하고 있다.

전기통신공사

전기통신 장비는 건축물에서 인체의 신경계와 같은 기능을 담당하는 시설로서 리모델링 시에 열화된 장비를 교체하는 공사이다. 쾌적한 사무환경을 제공하고 건축물의 기능성과 유지관리성을 향상하기 위해 조명기구를 교체하고, 바닥 배선 방식을 채택하여 사무실 내부의 환경을 미화한다. 노후화된 전기실 장비와 변압기 등을 교체하고, 보안 강화 차원으로 엘리베이터 내부와 건물 내외부에 CCTV 카메라를 설치하며, 편의성 제고를 위해 주차관리 시스템을 개선하는 등 제반 전기시설과 통신시설을 개선하는 공사이다.

설비공사

설비공사란 인간의 실내 생활환경과 건축물의 기능을 향상하고, 인체의 위생과 건강을 유지하기 위해 건축물에 설비하는 모든 공작물의 총칭이다. 설비시설에는 환기 · 냉난방설비, 급배수시설, 운반수송설비, 가스설비, 주방설비, 오수처리시설 등 다양하다. 일반적으로 설비기기의 물리적 내구연수는 10~20년으로 본다. 요즘에는 실내 주거환경 및 정보화시스템 등에 대한 사회적 요구에 따라 리모델링 시 이들의 기능 향상을 도모하는 것이 중요해졌다. 설비기기로는 보일러, 냉동기, 에어컨, 공기조화기, 냉각탑, 송풍기, 펌프, 밸브류, 제어기기, 전동기 등을 들 수 있다.

조경 및 부대공사

조경공사는 도시공간의 삭막함을 순화하고 심미성을 추구하기 위한 것으로, 쾌적한 생활환경을 조성하기 위한 공사를 말한다. 조경은 건축법에 의거 건물 규모에 따라 설치해야 하는 의무면적이 있다. 설치 장소는 주로 건물의 전면이나 측면 또는 후면의 공지를 이용하지만 옥상에 설치할 수도 있다. 부대공사는 공종의 주요한 부분을 가리키는 본체공사가 아닌 부대적인 역할에 해당되는 모든 잡다한 공사를 말한다.

리모델링 방식에는 가성비 추구를 최우선으로 하는 약식 리모델링부터 중간 수준인 대수선, 증축을 겸하면서 계단실을 옮기고, 천장을 트고, 승강기를 신설하는 등의 고난도 작업도 있다. 이 장에서는 필자 임의로 리모델링 방식을 여덟 가지로 분류하여 총 44건의 사례를 상세히 소개한다.

4부

리모델링 44건 실전체험

이 장에서는 리모델링 방식과 난이도를 필자 임의로 여덟 가지 그룹으로 분류했고, 각 그룹별로 실제 사례 2~6건씩 총 44건을 상세히 분석했다. 국내에는 중소형빌딩 리모델링을 정통으로 다룬 책은 찾아보기 어렵다. 더구나 난이도와 용도별로 리모델링 공사를 세분하고, 각 방식별로 다양한 실제 사례를 다룬 책은 많지 않아, 이 책을 리모델링 교과서로 삼아 참고하길 바란다.

 리모델링 방식은 쉬운 것부터 점차 난도를 높이는 방향으로 분류했다. 먼저 최저 비용으로 건물 외관을 예쁘게 장식할 수 있는 페인팅 기법부터 드라이비트 기법, 아트패션시트, 원룸이나 고시원으로 개조한 사례, 주택을 근린생활시설로 용도 변경한 사례, 근린생활시설로 대수선한 사례, 증축을 병행하여 승강기 설치, 계단실 이전, 외벽에 승강기를 덧댄 고난도 사례와 유명상권 사례까지 담았다.

다음 사진은 연트럴파크 도로변의 리모델링 사례이다. 연트럴파크는 홍대상권과 함께 핫플레이스 중 하나이다. 기찻길을 걷어내고 가로공원을 설치한 이후 공원길 주변에 각종 카페와 음식점들이 리모델링을 통해 새 건물처럼 들어서 있다.

출처: 카카오맵

2014년도 기찻길을 철거한 후 도로변에 줄지어 있는 5채의 다가구주택 모습

출처: 네이버 지도

2023년 현재 변화된 건물 5채의 모습

저비용 투입으로 아름답게 변신하는 페인팅 기법

　건물의 주요 구조부를 변경하는 대수선이 아닌 최소의 비용을 투입하여 겉모습만 예쁘게 치장하는 방식이 페인팅(도장) 기법이다. 이 방식의 장점은 임차인들을 퇴거시키지 않은 채 작업이 가능하고, 비용이 매우 저렴하다는 것이다. 페인트 색상을 보색으로 잘 매치하면 효과적인 변신이 가능하다. 단순히 두세 가지 색을 조합하여 도색하는 방법도 있지만, 벽면에 그림을 그려 넣는 방법도 있다.

　첫 번째 사례는 당산역세권 이면의 상가건물이다. 외벽이 고구마색 타일로 마감되어 있어 평소에 우중충한 느낌을 주었다. 건물주가 노란색 바탕에 청색을 포인트로 주어 도장한 결과 한결 깔끔해 보인다. 이렇게 도장하는 비용은 업체마다 다르겠지만 대략 2,000만 원 전후이다.

어두운 색상의 타일 마감

노란색과 청색으로 도장 마감

도장 전의 붉은 벽돌 건물

컬러 매치가 돋보이는 외관

두 번째 사례는 홍대상권 이면지역의 붉은 벽돌로 마감된 다가구 주택을 상가로 용도 변경하면서 노랑, 빨강, 검정, 초록색 등의 조합으로 예쁘게 매치해 도장한 사례이다. 이런 식으로 눈에 띄게 색상 조합을 잘하면 의외로 멋진 외관을 얻을 수 있다.

세 번째는 건물 벽면에 예쁜 초상화를 그려 넣은 사례이다. 몇 년 전부터 당인리화력발전소가 문화체육공원으로 개발되고 있어, 조만간 개장할 경우 급격한 상권 확장이 예상되는 합정동 이면지역에 소재한 단독주택이다. 벽면에 인물화를 그려 넣음으로써 일반 페인팅 사례와 달리 차별적인 외관으로 눈길을 끈다. 이런 페인팅을 위해서는 일반 페인팅 전문업체가 아닌, 벽화 전문 화가에게 의뢰해야 하지만 비용이 부담될 정도는 아니다.

붉은 벽돌 마감된 단독주택

벽면에 초상화를 넣은 모습

네 번째로 소개할 사례는 신사역 먹자상권의 노란색 타일 건물이다. 1980년대에 축조된 주변에서 흔히 볼 수 있는 타일 마감인데, 리모델링하며 간판들을 모두 제거한 후 타일 표면을 흰색으로 도장하고 광택제로 마감하여 매우 깔끔한 인상을 준다. 도장을 하고 광택마감을 하느냐 마느냐의 차이는, 구두 닦을 때 구두약만 발라놓은 상태와 광택을 낸 후의 차이라고 보면 된다. 사람이든 건물이든 예쁘게 메이크업할 때는 깨끗이 닦아내고 윤기 나게 마무리를 잘해줘야 빛이 난다. 참고로 이 건물은 전체적으로 적지 않은 비용을 투입하여 대수선을 실행한 건물이므로 여기서는 외벽의 흰색 도장 부위가 어떻게 구현되는지 정도만 참조하라.

노란색 타일 마감 상태   흰색 도장 및 광택 처리

마지막으로 소개하는 사례는 영등포구청 바로 앞 대로변의 4층 건물이다. 이 건물은 건너편이 구청이고, 건물 바로 앞에 구청으로 건너가는 건널목이 있어 누가 보아도 위치 하나는 끝내준다. 본래 위치가 좋으면 건물이 낡았어도 세를 얻으려는 사람들 간 경쟁이 치열하다. 4층인데 승강기도 없고 주차장도 없지만, 공실이 발생하기가 무섭게 채워지는 곳이니 건물주가 배짱부리며 임대업을 할 수 있는 위치이다.

1983년도에 준공되어 현재 40세가 된 이 건물은 대지면적 82.2㎡ (24.8평), 층당 56.9㎡(17.2평)씩 올라갔다. 계단실 벽면은 준공 당시 칠한 페인트 상태 그대로이다. 4층까지 걸어서 올라가지만 워낙 노출성과 접근성이 좋으니 늘 만실이다. 애초에 외벽은 흰색 타일로 마감되어 있었는데 40년이 넘으니 때가 끼어 행색이 말이 아니었다. 이 건물 바로 옆 건물이 외벽을 깔끔하게 도장한 것이 보기 좋았는지 이 건물주도 따라 했다. 외관만큼은 작은 돈 들여 가꾸려는 것이다. 임차인들을 유지한 채 외벽에 도장한 정도지만 외관이 전보다는 한결 좋아졌다.

영등포구청 앞 건물 도장 전 모습   도장 후 모습

저비용 고효율의 대명사
드라이비트(스타코)

어떤 계기로든 당신이 건물 투자에 관심을 둔 이후부터는, 거리를 거닐 때 전과 다르게 건물 디자인을 유심히 관찰하고 있는 자신을 목격할 것이다. 아는 만큼 보인다고 했던가. 전에는 목적지만 생각하고 무심코 지나친 거리였는데, 마음자세가 달라지면서 특이한 모습의 건물을 발견하면 발걸음을 멈추고 세세히 살핀다. 자신의 이런 변화된 모습이 기특하다는 생각을 할 수 있을 것이다. "아, 저 건물은 드라이비트 마감이고, 이 건물은 징크로 포인트를 줬구나. 오, 저것은 컬러벽돌로 색을 잘 매치했고, 이 건물은 패러핏이 멋지네." 이렇게 중얼거리며 품평하는 수준에 도달했다면, 이미 빌딩 전문가 문턱에 다다랐다고 볼 수 있다. 내가 소유하고 싶은 건물의 디자인은 내가 직접 결정한다는 생각을 다지면서 관찰하는 습관을 들이면, 일상 속의 산책은 더욱 즐거울 것이다.

필자는 약속 장소에 갈 때는 1~2시간쯤 일찍 도착하여 주변을 돌면서 건물 외관을 살피는 것이 습관으로 굳어졌다. 특이한 건물을 발견하면 마감 방식을 체크하고, 내외관을 둘러보며 주요 부위를 촬영하여 사진으로 남겨둔다. 이렇게 모은 건물자료가 수천 건이다. 축적된 자료들은 리모델링이나 신축할 건물 관련 참고가 필요한 건물주나 투자자들에게 컨설팅자료로 요긴하게 쓰인다. 이상적인 건물 디자인을 찾아내거나 창조하는 것은 어렵지만, 여러 사진들 중 마음에 드는 특정 부분들을 추출한 후 그것들을 조합하여 자신의 이상에 가깝게 구현하는 것은 어렵지 않다.

리모델링 성패의 7할은 건물 외관에 달려 있다고 해도 과언이 아니다. 건물도 초면에 마음에 들어야 임차를 하든 매입을 하든 결정하기 쉽지, 보고 또 보고 숙고를 거쳐 결정해야 한다면 그 건물은 선택받기 어렵다. 건물과의 인연도 인간과의 만남과 비슷하다.

드라이비트란 단어는 일반인에게는 다소 생소할 것이다. 간단히 설명하자면, 이는 건물 외관 마감 방식의 하나로서 건물의 외벽에 두께 25~30밀리미터 스티로폼을 부착한 후 스티로폼 표면에 망사를 덧대고, 그 위에 드라이비트라는 재료로 미장하는 것이다. 마감 후 표면을 만져보면 마치 '빼빼'처럼 까끌까끌하다. 표면을 노크하듯 두드리면 속이 스티로폼이므로 잘 익은 수박처럼 낭랑한 소리가 난다. 드라이비트뿐 아니라 이와 동일한 외장 마감 방식으로 '스타코'가 있다. 드라이비트니 스타코니 하는 것은 생산업체의 브랜드로 서로 이름만 다를 뿐 내용은 대동소이하다고 보면 된다. 우리 주변을 자세히 살펴보

서남부권 근생건물　　　　　영등포 식당건물　　　　　일산신도시 상가주택

면 이 방식으로 마감된 건물들이 의외로 많다는 것을 알 수 있다.

　드라이비트 마감 방식에 있어서 초기에는 외벽을 이음매 없이 통판으로 마감한 듯 보이는 방식이 널리 보급되었다. 나중에는 외벽에 마치 화강석을 부착한 느낌을 주는 스톤비트 방식으로 진화함으로써, 일반인의 눈에는 화강석으로 마감한 것처럼 착각할 수 있을 정도로 기술이 진보했다.

　드라이비트의 장점은 가성비가 좋다는 것이다. 석재로 마감하는 비용의 약 3분의 1 정도로 저렴하다. 다른 리모델링 방식과 달리 임차인을 명도하지 않은 채 단기간 내에 시공할 수 있어 공사가 용이하고 공사기간이 짧다. 단열성능이 우수하여 한겨울에도 추위를 잘 막아준다. 단점으로는 화재에 취약하다. 불이 나면 순식간에 꼭대기층까지 화재가 번질 수 있다. 다만 가격이 좀 더 비싸기는 하지만 최근에는 불이 잘 붙지 않는 난연 스티로폼이 개발되어 화재 위험도 거의 사라졌다. 또 다른 단점은 속이 스티로폼으로 채워져 있으므로 충격에 약하다는 것이다. 취객이 발길질 한 방 날리면 움푹 꺼질 수 있고, 주차하다 벽면에 차가 부딪히면 표면이 찌그러질 수도 있다.

이 방식은 시공이 간편하고 공사기간이 짧으며 단열성능도 우수하지만, 누구에게나 세련된 외관이라는 이미지를 남기기는 어려울 것이다. 따라서 완공 후에 건물의 외관과 성능 개선에 따라 건물주가 임대료를 인상하려 할 때, 인상 폭에 어느 정도 한계가 있다는 것도 참고하기 바란다. 자금이 부족한 경우 단열성능 개선과 페인팅 색상 조합으로 가성비를 추구하면서 외관을 꾸민다는 소박한 마음으로 임해야 할 것이다.

건물주 거주용으로 증축한 상가주택

상가주택은 은퇴부부의 노후 거주와 생활비를 담보하는 생필품이라 할 수 있다. 연금으로 생활이 어려운 경우 거주 중인 아파트를 매각한 자금으로 상가주택을 마련하여, 한 층에 거주하면서 건물 청소도 하고 공실관리도 하면서 임대수입을 얻을 수 있다. 따라서 상가주택은 인생 2막을 여는 안전판으로 인식되며 점차 인기를 얻고 있다.

영등포구 지하철역 이면에 위치한 이 상가주택은 대지 224㎡(68평), 연면적 717㎡(217평)로서 지하 1층이 딸린 5층 건물이다. 1985년 준공 당시에는 4층 건물이었는데, 약 29년 경과된 2014년에 리모델링하면서 건물주 거주용 주택으로 5층에 25평을 증축했다. 옥상에는 정원과

리모델링 전 4층 건물 　　　　　　　　 리모델링 후 5층 건물

텃밭을 꾸며 건물주 거주용으로 손색이 없다. 사진에서 보듯 건물 외벽은 스톤비트로 마감되어 얼핏 보면 마치 화강석으로 마감한 것처럼 보인다.

가성비 특급 포천의 상가건물

국내에서 중소형빌딩 리모델링은 2010년경부터 본격화된 이후, 지금은 건물주의 자금 여력과 건물이 입지한 상권력에 따라 인테리어 수준으로 진행하는 약식 리모델링부터, 계단실을 옮기고 승강기를 설치하는 등 대수선을 겸한 고난도 리모델링까지 다양한 방식으로 시행되고 있다. 서울의 유명상권뿐만 아니라 동네상권, 수도권과 지방도

| 리모델링 전 | 3D 투시도 | 리모델링 후 |

시 가릴 것 없이 곳곳에서 리모델링 공사가 한창이다.

이번 사례는 포천시 먹자상권에 있는 건령 30년의 상가건물이다. 포천시 하면 이동갈비와 군부대가 연상된다. 이곳 먹자상권은 평일에는 지역시민들이 이용하는 평범한 상권이지만, 주말에는 휴가를 즐기는 군인들로 채워지는 특징이 있다. 서울시청까지 약 60킬로미터 거리인 포천은 대중교통을 이용한 서울 출퇴근이 어려운 상태라서 인구가 정체 내지 서서히 감소하는 도시지만, 지하철 7호선 연장계획이 확정됨으로써 약 7년 후에는 서울 출퇴근이 가능한 도시가 된다는 희망으로 설레고 있다.

먹자상권 이면에 위치한 이 건물은 1993년에 준공된 근린생활시설이다. 용도지역은 일반상업지역으로서 지하 1층, 지상 4층으로 지어졌다. 대지면적 339㎡(103평)로 꼬마빌딩치고 작지 않은 크기이다. 지하 1층부터 지상 3층까지는 층당 50평씩 올라갔고 4층은 가건물 형태의 30평으로 구성되어 연면적이 756㎡(229평)이다. 외벽은 타일로 마감되었고 건물 전면은 음식점 간판과 오락실 스티커로 도배되어 혼란스러운 모습이었다. 창문의 유리는 홑겹이어서 겨울철에는 한기가 파고들어 세입자들이나 고객들이 실내에서 활동하는 데 고충이 크다 보니 임차인도 오래 버티지 못하고 자주 바뀌었다. 공실을 우려한 건물주가 세입자들의 임대료 인하 요구를 들어준 결과, 임대료는 시세보다 상당히 낮은 가격으로 형성된 상태였다.

이 건물을 매입한 투자자는 지방에서 금융권 직장을 명퇴한 여성 두 분인데 필자의 책을 읽고 찾아왔다. 애초에는 10억 원으로 서울의 꼬마빌딩에 투자를 원했지만, 서울에서는 역세권 이면의 작은 건물만 해도 웬만하면 20억 원이 훌쩍 넘다 보니, 원룸건물 외에는 투자가 마땅치 않아 차선으로 수도권에 투자를 권했다. 필자는 수도권 매물 중에서 리모델링으로 가치 제고가 가능한 물건을 수배한 끝에 이 건물을 발견했다. 그리고 분석 결과 우량물건으로 판단되어 이 건물을 추천했고, 두 분은 퇴직금과 일부 융자금을 보태어 매입했다. 상권 특성과 자금 여력을 감안하여 본격 리모델링보다는 약 2억 원을 들여 가성비 위주로 약식 리모델링 방식을 하도록 권했다.

리모델링 전에는 1층 식당과 2층 오락실 내부에 화장실이 별도로 있었다. 계단실에 화장실이 존재함에도 불구하고 내부에 별도로 설치하여 가용 공간이 그만큼 작은 구조였다. 2층과 3층 천장 곳곳에 텍스가 떨어져 나가고 누수 흔적도 있어 방수공사가 시급했다. 4층은 샌드위치 패널을 이용하여 축조한 가건물로서 거주 겸 사업장으로 임대하고 있었다.

2022년 11월 중순부터 공사를 시작했는데 12월 중순부터는 영하권 기온으로 인해 페인트칠이나 타일공사가 불가능했다. 영하의 기온에서는 페인트칠이 벗겨지고 타일이 떨어져 나가는 문제가 발생하므로, 이듬해 3월까지 기다린 후 공사를 재개했다.

이번 사례의 특징은 가성비가 좋다는 것인데, 공사비를 대폭 낮추는 대신 외형상 화강석 같은 효과를 주는 스톤비트라는 저렴한 자재로 외벽을 마감했다. 리모델링 후의 모습에서 보듯 외벽이 영락없는 화강석으로 보인다. 이 공사기법으로 외벽공사비를 화강석을 사용할 때의 3분의 1 수준으로 절감했다. 창호도 이중유리로 교체하여 단열성능을 높였다. 겨울철에도 적정 수준의 난방만으로 무난히 한파를 극복할 정도가 되었다. 비용을 감안하여 2층과 3층 천장과 바닥은 기존의 것을 보수하고 재사용하기로 했다.

실내에 별도로 설치되어 있던 화장실은 모두 철거하여 임대가능 공간을 넓혔고, 계단실에 있는 화장실은 타일과 도기를 교체하여 현대식으로 깔끔하게 단장했다. 계단실 벽면은 기존의 흰색 도장 대신 미색 타일을 부착했고, 계단실 핸드레일도 새것으로 교체했다. 건물 후면은 페인트칠로 마감했다. 우기에는 빗물 배수 문제가 있어 옥상에서 3층으로 누수가 발생했기에 옥상의 방수공사를 철저히 했다. 가건물 형태인 4층은 대대적으로 보수했다. 내부 칸막이는 하중이 적어 건물 자중에 유리한 ALC 블록으로 처리했고, 천장과 바닥도 현대식으로 수리했다.

약 3개월 동안 공사비 2억 원을 들인 공사가 완료되었다. 영업 중인 지하층을 제외하고 시행한 공사비가 평당 100만 원 정도로 가성비가 특급이다. 만일 이 건물을 대수선급으로 진행했다면 7억 원은 들었을 것이고, 여기에 승강기까지 설치했다면 1억 원 남짓 추가되었을 것이다. 필자는 리모델링에 앞서 상권분석을 철저히 수행하고, 상권 맞춤형으로 리모델링 공사의 범위를 설정하여 공사를 권했다. 건물주는 이에 따라 공사를 추진했고 그 결과 좋은 가성비를 누릴 수 있었다. 상권력이 강하지 않은 곳에 유명상권처럼 공사비를 투입하는 일은 지양해야 한다. 아무리 고액의 공사비를 투입해도 그 지역 상권력으로 받쳐주는 임대료에는 한계가 있다는 것을 명심해야 한다.

리모델링 후에 새 임차인을 맞은 1층은 기존 임대료 120만 원에서 200만 원으로 인상된 가격에 임대했다. 2~4층도 기존의 임대료보다 30% 정도 인상된 가격에 임대하여 리모델링 후의 총임대료는 보증금 1억 원에 월세 600만 원이 되었다.

건물가치는 시장에서 대개 임대수익률에 의해 판가름 난다. 수도권 매물인 경우 현시점에서 볼 때 임대수익률이 4% 정도면 우량한 매물로 통하므로, 이 기준을 적용하여 건물가치를 평가하면 약 20억 원 정도 예상된다. 매입제비용과 리모델링비를 합하여 총 15억여 원이 투입된 현재 매달 얻는 임대료 600만 원 외에 추후 매각 시 5억 원 정도의 세전 시세차익을 기대할 수 있게 되었다.

합정역세권 상가건물

합정역 7번 출구에서 조금만 걸어 나오면 만나는 사거리 코너에 입지한 상가건물이다. 1988년에 준공된 지하 1층에 지상 5층 건물이다. 대지면적이 260㎡(79평)이며 층당 129㎡(39평)씩 올라가서 상가로 임대하기에 좋은 평수이다.

이 지역은 호재가 있다. 지근거리의 당인리화력발전소가 문화체육공원으로 탈바꿈하는 중이다. 지상공원 녹화사업은 이미 마무리되었고, 화력발전소 3기와 4기를 공연장과 각종 미팅룸으로 개조하는 공사가 한창이다. 조만간 이 문화체육공원이 개장하면 홍대상권부터 합정역상권을 거쳐 당인리공원에 이르는 지역이 거대한 하나의 상권으로 합쳐질 것이다. 이렇게 되면 시너지 효과를 가늠하기 어려울 정도이다. 대형 호재 덕분에 이 지역 땅값은 수년 전부터 들썩였다.

이 건물은 외벽이 사진과 같이 붉은 벽돌로 마감되었다. 1980년대 축조된 건물의 상당수가 이런 식으로 마감되었다. 문제는 과거에 벽돌로 마감된 건물을 뜯어보면 단열재가 매우 얇아 단열 효과가 낮은 탓에 겨울에 춥다. 한겨울에는 난방을 세게 틀어도 벽 가까이에서 한기가 느껴지기 마련이다.

이런 경우 임대료를 인상하려 해도 임차인들의 저항에 부딪혀 인상이 용이하지 않을 수 있다. 따라서 건물주 입장에서 최소의 비용으로 단열성능을 높이는 리모델링 방식이 바로 외벽을 드라이비트나 스타코로 마감하는 것이다. 다음 사진처럼 공사 후 건물의 외벽은 까끌

까끌한 드라이비트 질감이 느껴진다. 색상은 기존의 붉은색 대신 온화한 미색으로 마감하였다.

하지만 이렇게 가성비를 추구하며 단열성능만 높이는 경우, 여전히 남아 있는 문제가 있다. 바로 노후한 상하수도관과 전기통신선 등 건물의 신경계와 소화기관 역할을 하는 것들을 그대로 둘 수밖에 없다는 것이다. 이런 것들의 기능이 열화되어 추후 문제가 드러나면, 그때그때 땜질식으로 대처해야 하므로 건물주로서는 여간 성가신 게 아니다.

다소 비용이 문제가 되더라도 필자는 도장이나 드라이비트 같은 가성비 추구에만 그칠 게 아니라, 이왕 리모델링하는 김에 대수선급

리모델링 전 붉은 벽돌 마감　　　　　리모델링 후 드라이비트로 마감

으로 진행할 것을 추천한다. 그래야 30년 이상을 신축 건물처럼 사용할 수 있고, 임대료도 저항 없이 쉽게 인상할 수 있으며, 소소한 민원에 시달리지 않을 수 있다. 삶의 질을 높게 유지하는 방법이다.

아트패션시트

아트패션시트는 말 그대로 아트(art)와 패션(fashion)을 가미한 시트(sheet)를 건물 외벽에 부착하여 마감하는 기법으로서 시장에 등장한 지 얼마 되지 않은 방식이다. 이 기법은 건물 외벽에 먼저 방수작업을 철저히 진행한 후에 단열재 카펫을 깔아주고, 그 위에 아트패션시트를 부착하는 것이다. 아트패션시트는 말하자면 컴퓨터그래픽을 이용하여 건물주가 원하는 모든 종류의 그림이나 로고, 디자인을 구현할 수 있다. 가령 어린이집 건물의 외벽에 어린이집 이미지에 어울리는 그림을 넣어 페인트칠로 시공한다면, 도장 전문 작가는 아이들이 노는 모습을 그려 넣고 어린이집 상호도 넣어야 할 것이다. 만약 그림이 엉성하거나 마음에 들지 않으면 다시 그려야 하므로 번거롭고 품질이 균일하지 못할 것이다. 그런데 아트패션시트 기법을 이용하면 우선 건물의 단열성능이 상당히 개선되고, 디자인도 시공 전에 다음처럼 매우 다양한 버전으로 자유롭게 연출할 수 있다. 건물주가 마음에 드는 버전을 취사선택하거나 수정하면 된다.

이 기법의 시공비용에 대하여 간단히 팁을 전하자면, 대지 100평에 건물 연면적 250평 정도의 다음 사진과 같은 건물의 경우 시공비용은 대략 1억 원 정도라 보면 된다. 따라서 이 기법은 시공비용이 저렴한 편이 아니다. 컬러벽돌로 외벽을 마감하는 비용의 약 절반 정도라고 보면 된다. 다음은 수원시 영통구의 상가건물 사례이다.

리모델링 전

아트패션 버전 1

아트패션 버전 2

아트패션 버전 3

참고로 외벽 마감 기법에 따라 가장 저렴한 방법부터 비싼 방법까지 순서대로 열거하자면 페인팅, 드라이비트, 벽돌, 석재, 메탈패널, 커튼월이라고 보면 될 것이다. 물론 각 마감재별로 업체마다 품질과 가격이 다르기 때문에 순서에 다소간 차이가 있을 수 있다.

다음은 마포구 상수동 이면지역에 있는 건물로 2017년에 준공된 지하층이 딸린 지상 5층 건물이다. 전체가 근린생활시설이고 승강기도 구비되어 있다. 대지면적이 90㎡(27평)로 규모가 작아 말 그대로 꼬마빌딩이다. 건물에 강한 끌림을 주기 위해 건물주는 특단의 결정을 내렸다. 건물 외관을 멋지게 장식하여 가치를 높이자는 결정이었는데, 바로 아트패션시트를 외관에 시공하는 것이었다.

준공된 지 얼마 지나지 않은 2년 후인 2019년에 주저 없이 아트패

리모델링 전   리모델링 후

션시트로 시공했고 결과는 성공적이었다. 시공 전에는 외관이 흰색으로 마감되어 다소 밋밋한 느낌이었는데, 시공 후에는 사진처럼 알록달록한 색상 조합과 입체적인 디자인으로 보는 이들의 눈길을 사로잡는 매력적인 건물로 재탄생했다.

원룸이나 고시원으로
개조한 사례

가락동 상가주택을 원룸으로 리모델링

3층 상가주택의 초반 모습

매입 당시 증축된 상가주택

리모델링 후 상가주택

위 사진에서 보듯 이 건물은 2019년도에 매물로 나왔을 때는 4층 상가주택이었다. 매도인이 몇 년 전에 기존의 3층짜리를 매입하여 한 층을 증축하여 자신이 거주할 주택으로 꾸미면서 건물 외관만 리모델링하였다. 필자가 이 매물을 중개할 당시 건물의 외모는 멀쩡해 보였지만, 내부는 손대지 않아 30년 전의 낡은 모습 그대로였다.

필자가 늘 부르짖는 이야기지만 부동산을 신축하든 리모델링하든, 아니면 기존 건물의 일부 층을 용도 변경하든, 가장 중요한 것은 부동산의 입지에 최적화된 용도로 층별 임대구성을 해야 소기의 재테크 효과를 거둘 수 있는 것이다. 새소리와 개울물 소리가 들리는 조용한 주거지역에 상가건물이나 사무용 건물을 지으면 임대가 제대로 되겠는가? 반대로 홍대상권이나 건대상권 같은 활황상권에 다가구주택을 지어 주택으로 임대하는 게 옳은 일인가 말이다.

어찌 보면 단순한 듯하지만 의외로 많은 이들이 입지에 어울리지 않는 용도로 신축이나 리모델링을 하는 경우가 종종 발생한다. 때로는 정부의 다주택자 중과세 정책의 영향으로 주택 부분을 무조건 근린생활시설로 용도 변경하여 취득세와 양도세 중과를 피하려던 시절이 있었다. 그렇지만 부동산은 한번 투자하면 빠져나올 때까지 최소 5년 내지 10년은 걸리는 중장기적 시각으로 접근해야 하는 투자상품이다. 그런 점을 감안하여 대상 부동산의 입지에 맞는 층별 임대구성을 수립하고 추진해야 할 것이다.

이번에 소개할 사례는 가락동 주거지역 삼거리 코너에 입지한 상가주택이다. 상권이 좋다고 볼 수는 없는 동네상권으로서, 1층은 장사가 잘되는 곳이고 잔여 층은 주택으로 사용하기에 적합한 곳이었다. 필자가 이 매물을 접수하여 평가해보니 지하층과 1층은 근린생활시설로 유지하되 2층부터 4층까지는 원룸으로 개조하여 수익성을 높이기에 알맞은 매물로 평가되었다. 때마침 법인 오너인 투자자에게 이 물건을 소개하니 전적으로 이 아이디어에 공감하고 매입하게 되었다.

이 지역은 지역분석 결과 원룸 수요가 풍부했다. 특이하게도 원룸 크기가 실평수 4~5평 정도인 표준형은 인기가 없었고, 실평수가 6평 이상인 것들이 드물다 보니 희소성 때문에 이에 대한 수요가 컸다. 여기에 착안하여 층당 28평인 2층부터 4층까지를 층당 원룸 4실씩 배치하기로 계획했다. 표준형으로 개조한다면 층당 5실이 가능했겠지만 큰 방의 수요가 풍부한 지역 특성에 맞춰 4실로 계획한 것이다.

계획은 적중했다. 표준형 원룸은 보증금 1,000만 원에 월세 50만 원이었지만, 이런 원룸은 공급이 과하여 공실 발생이 잦다는 특징이 있다. 큰 방이 절대부족인 지역이라 순식간에 리모델링한 원룸 12실의 임대가 완료되었다. 이따금씩 임차인이 이사 가면 즉시 새 임차인이 들어왔고 수시로 빈방 없냐는 문의가 빗발쳤으며 지금도 계속되고 있다. 큰 방은 보증금 1,000만 원에 월세 60만 원 내지 65만 원으로 임대된다. 계산해보니 작은 원룸 5개를 넣든 큰 원룸 4개를 넣든 임대수입은 비슷했다. 차이점은 표준형 원룸은 공실기간이 길고 큰 방은 공실기간이 거의 없다는 점이다. 건물주의 경우 공실 걱정이 근심의 대부분이라는 점을 감안하면, 이왕이면 큰 방으로 꾸밈으로써 관리도 쉽고 근심도 줄이는 것이 좋겠다고 판단한 것이다.

1층에느 편의점과 세탁소가 들어와 있었는데 세입자들을 내보내지 않은 채 2층부터 4층, 지하실 임차인들만 명도한 후 리모델링 공사를 진행했다. 리모델링 전 지하실은 평소 환기가 시원치 않아 수시로

지하실 내부 리모델링 전

지하실 내부 리모델링 후

공실이 발생했다. 그러던 것을 벽면 방수공사와 단열공사를 거쳐 바닥을 평탄하게 모르타르 타설과 에폭시 공사로 꾸미니 말끔하고 아늑한 사무공간으로 바뀌었다.

계단에 대리석을 부착하여 세련미를 더했고 벽면은 흰색 타일로 마감하니 환해졌다. 화장실도 현대화하고, 층마다 복도는 타일로 마감했다. 원룸에 딸린 화장실도 표준 크기보다 훨씬 넓게 꾸몄다. 방

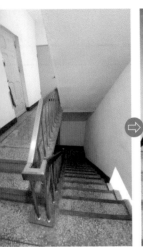

| 계단실 리모델링 전 | 계단실 리모델링 후 | 풀옵션 구비된 원룸 내부 |

크기는 약 7평 정도로 직장인 혼자 거주하기에 널찍한 편이었다.

리모델링도 엄연한 사업이므로 수지가 맞아야 한다. 이 투자자가 건물을 매입하여 리모델링한 결과 수지를 분석해보자. 2019년에 매물로 나온 이 상가주택은 매가 24억 원이었고, 주인이 한 층에 거주하면서 보증금 1억 원에 월세 470만 원이 나왔다. 가격을 조정하여 23억 5,000만 원에 매입했다. 중개보수 등 매입제비용으로 1억 4,000만 원이 들었고, 리모델링비 약 4억 4,000만 원이 투입되었다. 계산해보니 총투입비가 29억 3,000만 원이다. 법인 대표로서 매입금의 75%는 융자를 받아 처리했다.

리모델링을 마친 후 임대한 결과 보증금 1억 6,000만 원에 월세 1,080만 원이 나온다. 건물에 원룸이 있는 경우 빌딩 시장에서는 그

지역에서 통용되는 임대수익률에 대략 0.3~0.5% 정도를 얹어서 계산한다. 2019년 당시 이 지역에서 통용되는 임대수익률이 3% 선이었으니 원룸을 감안하여 임대수익률을 3.5%에 놓고 역산하면, 건물의 가치는 약 38억 6,000만 원 정도 나온다(1,080만 원 × 12개월/0.035(3.5%) + 보증금 1억 6,000만 원 = 38억 6,000만 원). 만일 수익률을 3.3%에 놓고 같은 방식으로 계산하면 40억 8,000만 원이 된다. 즉, 리모델링하여 임대가 완료된 시점에 이 건물의 가격은 38억 6,000만 원 내지 40억 8,000만 원 사이로 보면 될 것이다.

투자자의 총투입비 29억 3,000만 원 대비 시세차익이 세전 기준으로 9억 3,000만 원이다. 여기에 매달 얻는 임대수입이 1,080만 원이니 보유하는 동안 매년 1억 2,960만 원이다. 여기서 세금을 제하면 약 1억 원 정도 될 것이다. 5년 보유 후 40억 원에 매각한다면 자본이득 10억 7,000만 원에 임대수입 5억 원을 더하면 15억 7,000만 원이다. 여기서 법인세를 제하면 순수익이 13억 원 정도는 될 것이다. 물론 이자비용도 제해야 한다. 하지만 2019년 당시 75% 레버리지를 활용하여 자본금 약 13억 원 정도로 리모델링 투자를 실행했으므로, 5년 만에 100% 수익을 달성할 수 있으니 이 정도면 잘한 편이다.

부동산 투자에 대한 기사들을 보면 연예인 모씨가 100억 원짜리 건물을 매입하여 3년 만에 150억 원이 되었으며, 그로 인해 50억 원의 시세차익을 거뒀다는 식으로 말한다. 필자는 이런 기사를 보며 항상 의문이 든다. 매입가격은 잘 알겠으나 지금은 가치가 150억 원이 되었다고 주장하는 근거가 무엇이며, 매입제비용과 이자를 감안하고 양도세 후 순수익도 밝혀주면 좋겠는데, 도대체 밝히지를 않으니 기사를 신뢰하기 어렵다는 생각이다. 그저 주장만 있을 뿐 팩트는 없다. 이유는 묻지 말고 무조건 기사에 쓰인 대로 받아들이라는 식이다. 이런 주장에 휩쓸리지 말자. 수익률이 기초가 되든지 땅값이 기초가 되든지, 근거가 없는 기사는 부화뇌동하지 말고 거르자.

양평동 상가주택을 원룸으로 꾸며 성공한 사례

투자자는 이 상가주택을 2018년에 13억 7,000만 원을 주고 매입했다. 지하철 역세권 이면에 있는 준공된 지 30년이 넘은 낡은 건물이다. 대지 40평에 연면적 90평이고 지하 1층에 지상 3층 건물이다. 지하층과 1층은 상가로 임대 중이었고, 2~3층은 다가구주택이었다. 투

리모델링 전

투시도

리모델링 후

자자가 리모델링 목적으로 이 건물을 매입했다. 임차인들을 모두 매도인이 명도하는 조건으로 계약함에 따라, 명도비를 감안하여 가격을 깎지 않고 호가대로 계약했다.

이 지역은 준공업지역으로서 주변에 지식산업센터가 많아 직장인들의 원룸 수요가 많다는 점에 집중하여 2~3층에 원룸을 설치하기로 했다. 지역의 원룸 시장을 조사해보니 최근에 준공된 건물은 거의 없고 웬만하면 10년 이상 되어 신축 원룸이 귀했다.

필자가 가견적 낸 결과 약 3억 원을 들이면 멋진 상가주택으로 리모델링이 가능해 보였다. 컨설팅보고서를 작성하여 투자자에게 제시했고 투자자가 그대로 수용하여 리모델링한 작품이다. 공사범위는 외벽은 화강석으로 마감하되 한편에는 징크로 포인트를 두기로 했다. 1층 상가는 기존에 두 칸으로 나누어 임대했는데, 리모델링 시에는 한 칸으로 합치기로 했다. 2층과 3층에는 층당 원룸 4실씩 두기로 했다. 지상 3층 건물이므로 승강기는 굳이 설치하지 않았다. 승강기는 가급적 4층 이상인 건물에 적합하다.

공사가 시작되자 철거작업이 진행되었는데, 지나가던 노인들이 구경을 하거나 멀리 떨어진 곳에 거주하는 분들은 자기 집 화장실에 금이 갔으니 수리 좀 해달라고 요청하기도 했다. 건물을 철거하는 것도 아니고, 땅을 파는 것도 아닌데, 50미터나 떨어진 집 화장실에 금이 갈 리가 만무했지만, 필자가 건설사 대표에게 부탁하여 웬만하면 수리해주라고 했다. 그리해줬더니 다음부터는 자잘한 동네 민원이 싹 사라졌다.

완공 시점이 되자 신축 원룸을 구하는 사람들이 북적이며 완공 전에 모두 계약될 정도로 인기가 있었다. 투자자는 13억 7,000만 원에 매입하여 매입제비용 포함 14억 5,000만 원에 공사비 3억 원을 더한 총투입비가 17억 5,000만 원이다. 리모델링 결과 임대료수입이 기존의 보증금 3억 7,000만 원에 월세 125만 원에서 보증금 1억 원에 월세 700만 원이 나왔다. 임대수익률을 3.5%에 놓고 계산하면 건물가치는 25억 원이다. 임대수익률을 몇 %에 놓느냐는 그 건물의 층별 임대구성과 입지분석을 실시한 후, 시장에서 쉽게 거래될 만한 수익률을 대입하는 것이 핵심이다. 2018년 당시에는 원룸이 있는 비강남권 상가주택은 3.5% 선에 형성되어 있었다. 따라서 총투입비 17억 5,000만 원 대비 완공 후에 평가된 25억 원을 볼 때 상당히 우수한 재테크가 되었다는 것을 알 수 있다.

완공 후 5년 경과된 지금 원룸이 딸린 서울지역 역세권 상가주택의 임대수익률은 3% 정도면 거래 가능하므로, 계산해보면 건물가치가 29억 원까지 상승했다(700만원 × 12개월/0.03 + 보증금 1억 원). 리모델링 재테크의 핵심은 리모델링 완공 후 임대를 완료한 시점에서 가치를 평가했을 때, 건물 가치가 이처럼 수직상승한다는 것이다. 그 후 시간의 흐름에 따라 땅값이 상승하면 그만큼 추가 수익이 덤으로 따라온다고 보면 된다.

서울역 앞 귀곡산장이 관광호텔로 대변신

꼬마빌딩 투자에 성공하려면 아파트 투자에서 얻은 경험만으로는
턱없이 부족하다. 아파트나 오피스텔 같은 부동산은 입지가 좋은 편
이며, 시행사나 건설사가 나서 각종 공법적 제한사항이나 도로법, 건
축법, 지구단위계획 등의 규제에 대하여 세세히 알아보고 그에 맞춰
건축한 부동산이다. 따라서 투자자는 골치 아픈 건축법령 등을 스스
로 점검할 필요도 없이 그저 자신의 자금능력에 맞춰 구미가 당기는
매물들을 답사한 후에, 그중에서 가장 마음에 드는 물건을 선택하면
그만이다. 일조권 사선제한이 무엇이고, 주차장법이 어떤 것이며, 도

로법이 뭐가 그리 중요한지에 대해 전혀 몰라도 투자에 실패하기가 어렵다. 그저 매입 후 시간이 흐르면 부동산가격 사이클에 따라 자연스럽게 가격이 오른다. 투자자가 잘해서 오르는 게 아니라 대략 10년 주기로 찾아오는 대세상승 흐름에 따라 오르는 것이다.

이 물건의 용도지역은 일반상업지역으로 고밀도 개발이 가능한 비싼 땅이다. 신축하는 경우 지상으로 10층 내지 20층까지 올릴 수 있다. 대지면적 97.2㎡(29.4평), 층당 86.84㎡(26.26평), 연면적 515㎡(156평), 지하 1층 지상 5층이며 1976년에 준공된 매우 낡은 건물이었다.

일반상업지역이 좋은 땅임에는 틀림 없지만 대지면적이 60평 미만인 경우 주어진 용적률만큼 건물을 올리기는 어렵다. 고밀도 개발에 부합하는 법정 주차대수를 맞출 길이 없기 때문이다. 대지면적이 30평도 채 안 되는데, 현재 층당 26.2평씩이나 올라간 이 낡은 건물은 대지표면의 거의 전부를 건물이 깔고 앉아 있기 때문에 주차장이 없다. 그런데 리모델링의 장점은 과거 건축시점에 주차장 없이 지었든 건폐율을 초과해서 지었든 간에 그 상태대로 인정하여 리모델링을 허용한다는 점이다.

만일 이 토지에 낡은 건물을 허물고 재건축을 한다면 건폐율 59.9%를 적용하여 층당 17.6평씩 올릴 수 있어 현재보다 층당 8.6평씩 좁아진다. 그뿐 아니라 법정 주차대수를 맞추려면 1층을 필로티 처리함으로써 1층 임대공간을 희생하고 1층에 차 5대를 댈 수 있다. 주차 1대당 연면적 40평씩 커버하므로 지상층 연면적 200평이 최대치이다. 200평 ÷ 층당 17.6평 = 약 11층을 올릴 수 있다. 그런데 이렇게 신축하려면 건축비가 약 15억 원 정도 소요된다. 이런 큰돈을 들여 신축을 한다 해도 층당 17.6평에서 엘리베이터와 계단실, 화장실공간으로 7평을 제하면 전용공간이 10평 선이다. 이렇게 좁은 건물은 임대가 어려우므로 신축보다는 현 상태를 유지하면서 리모델링하는 것이 최선인 것이다.

서울역 앞 언덕길에 주차시설이 없는 꼬마빌딩은 유동인구도 없고 한산하여 상가나 사무실로 임대하기에는 마땅치 않지만, 교통은 매우 좋은 만큼 고시원이나 관광객용 저가 호텔로 최적지이다. 이 점에 착안하여 건물주는 2013년도에 4억 6,000만 원을 들여 전체를 첨단 시설을 갖춘 고시원으로 리모델링했다. 고시원은 연면적 150평까지 가능하므로 이 건물은 조건에 딱 맞는다. 고시원으로 임대할 경우 약 40여 실에서 월 예상 임대수입이 경비를 제하고도 약 1,000만 원이다. 월 1,000만 원이면 은퇴 후 럭셔리한 삶이 보장되는 돈 아닌가. 이렇게 입지에 최적화된 리모델링은 재건축에 따른 각종 제한에서 자유롭고, 비용과 공사기간 측면에서도 절반 정도에 불과하므로 여러모로 이로운 제도이다.

그런데 건축법상 고시원으로 리모델링을 했지만 고시원이라는 것이 숙박시설이므로 내국인에게 임대하든 외국인에게 임대하든 상관이 없다. 현명한 이 건물주는 교통의 이점을 살려 저가 비용으로 해외여행을 즐기는 여행객들을 대상으로 예약제 호텔로 운영하고 있어 실제 임대수익은 필자의 예상보다 훨씬 높을 것이다. 이처럼 부동산의 입지에 잘 맞추어 리모델링을 하는 경우 남이 보기에는 허접해 보이

는 위치에 있다고 하더라도, 저가 여행객에게는 구세주와 같은 호텔
이 되는 것이다.

주택을 근린생활시설로 리모델링한 사례

서초동 다가구주택을 사옥으로

연구에 따르면 미국이나 유럽 선진국에서 중소형빌딩 공급은 신축 보다는 노후 건물을 리모델링하여 대체하는 방식으로 전환되고 있으며, 현재 그 비율이 40%가 넘는다고 한다. 반면, 우리나라의 경우 리모델링을 통한 빌딩 공급 비율은 15% 정도에 불과하여 아직은 미미한 수준이다. 그러나 최근 들어 우리 주변에서 리모델링된 건물들이 눈에 띄게 증가하고 있다. 리모델링이 신축에 비해 장점이 많은 좋은 대안이라는 인식의 변화로 리모델링이 점차 활성화되고 있다.

리모델링의 최대 장점인 시간과 비용의 절반 투입으로 신축에 준한 건물기능 회복과 미관개선 효과, 임대료 인상에 따른 자산 증식 효과 등 리모델링의 긍정적 영향에 따라, 법인들도 신축 대신 노후 건물

리모델링 전 모습   리모델링 후 모습

을 매입하여 사옥 용도로 리모델링하는 사례가 이어지고 있다. 그중 하나를 소개한다.

  이 건물은 서초동의 단독주택이 밀집한 주거지역에 있는 다가구주택이다. 1978년에 준공되어 40년이 넘은 붉은 벽돌집이다. 용도지역이 3종일반주거지역으로 대지면적 165.3㎡(50평), 연면적 272㎡(82평), 3층 건물로 주차장도 없고 승강기는 당연히 없는 전형적인 다가구주택이다. 지하철 남부터미널역이 도보 5분 거리라 교통이 편리하므로 주거지역이지만 사무실이나 상가용도로 리모델링할 경우 임대가 잘될 만한 위치였다. 그래서 주택 전체를 근린생활시설로 용도 변경하는 리모델링을 택했다. 지난 6년간 부동산가격 폭등기에 정부가 다주택자에 대한 양도세 중과 정책을 도입하자, 많은 단독주택 보유자들이 자신의 주택을 리모델링하면서 근린생활시설로 용도 변경했는데

이 주택도 그런 사례 중 하나이다.

준공된 지 40년이 넘은 노후 주택이어서 리모델링 및 증축에 따른 하중을 견딜 수 있도록 철골기둥 26개, 철골보 67개를 증설하여 구조보강에 만전을 기했다. 육안으로는 1층으로 보이는 층의 건물 뒤편이 경사지여서 건축물대장에는 지하 1층으로 되어 있던 것을, 공사하면서 뒤편 흙을 걷어내고 1층으로 변경하여 상가로 임대할 수 있도록 했다. 2층 전면부에는 상가 임대에 적합한 접이식 창을 설치했고, 3층은 사무실로 꾸몄다. 용적률에 여유가 있었던 터라 일조권 사선제한을 감안하여 11평 정도 증축하여 4층을 올렸다. 계단도 기존 위치에서 출입이 용이한 쪽으로 옮겨 새로 설치했다. 건물 우측 공지에 주차장도 마련했다. 2019년에 총공사비 3억 5,000만 원을 투입하여 검은색과 흰색 조합의 말끔한 사옥용 건물로 재탄생되었고 단독주택 소유주가 어엿한 꼬마빌딩주가 되었다.

대치동 낡은 상가주택이 첨단 학원빌딩으로

"대한민국 최고 학원가가 어딘가?"라고 물으면 누구든 주저 없이 대치동이라고 답할 것이다. 둘째가 목동이고 셋째가 중계동이란 것은 서울에서는 상식으로 통한다. 자식의 명문대 진학이라는 꿈을 이루기 위해 맹모삼천지교를 실천하고자 전국 각지에서 많은 학부모들이 대치동으로 몰려온다. 사회악으로 치부되는 학벌주의를 무시할 수만은

리모델링 전 모습 　　　　　　　　리모델링 후 모습

없는 현실 앞에 방과 후 이 지역은 학생들로 북적인다. 이러한 추세에 발맞추어 대치동 이면지역의 건물주들은 보유 중인 낡은 상가주택이나 다가구주택을 수요가 충만한 학원건물로 특화하여 리모델링하려는 기류가 강한데, 이번 사례도 그중 하나이다.

이 건물의 외벽은 우리 주변에서 흔히 찾아볼 수 있는 붉은 벽돌로 마감되어 있다. 1층만 상가이고 2층부터 5층까지는 다가구주택이다. 용도지역은 2종일반주거지역이고 1997년도에 준공된 대지 307㎡(93평), 연면적 929㎡(281평)의 지하층이 딸린 지상 5층 상가주택이다.

꼬마빌딩 재테크에 관심이 있는 분들은 이번 기회에 용도지역에 대해서도 상식 차원으로 알아두는 게 좋겠다. 용도지역이란 '국토의 계획 및 이용에 관한 법률'에서 우리나라 모든 토지에 대하여 그 입지에 이상적인 용도에 맞추어 '○○지역'이라 정한 것으로서, 도시지역의 경우 지하철역이 있는 대로변은 고층 건물을 지을 수 있는 '일반상업지역' 내지 '준주거지역'으로, 지하철역과 상대적으로 가까운 이면지역 일부는 '3종일반주거지역'으로 지정해서, 5~6층 정도의 건물을 짓거나 아파트의 경우 15층 이상을 지을 수 있도록 했다. 대치동 학원가가 밀집되어 있는 이면지역은 일부 지역을 제외하고는 대부분 2종 일반주거지역이다. 이 지역은 건물의 층수가 4~5층 규모로 낮고 상가주택, 다가구주택, 빌라, 상가건물 등이 혼재되어 있다. 이면지역의 도로 폭은 자동차가 서행으로 운행해야 할 정도로 넓지 않으며, 좀 더 안쪽으로 들어가면 차 1대가 통과하기에도 좁은 경우가 많아, 과연 이 동네가 대한민국 최고의 학원가가 맞는지 의아한 생각이 들기도 한다.

사진에서 보는 것처럼 이 건물은 1980~1990년대에 지어진 전형적인 상가주택이다. 건축 당시에 대지 북측에 접한 건축물에 일조권을 보장해줘야 하기 때문에 지붕이 기울어졌다. 그뿐 아니라 도로 사선제한이라 하여 건물이 접한 도로 폭의 1.5배만큼만 건물을 수직으로 올리고, 그 이상 층은 비스듬하게 처리해야 하는 제한에 맞추어 축조함으로써 건물 꼭대기층은 전면도 경사지게 처리되었다. 이런 사례는 도시지역 어디를 가든지 쉽게 눈에 띈다. 문제는 꼭대기층의 기울기 때문에 내부 활용도가 낮고 불편하여 임대가 쉽지 않다.

이번 리모델링의 특징은 지금은 도로 사선제한이 풀린 만큼 기울어진 꼭대기층도 똑바로 올라가도록 하여 5층도 정상적인 사각형 모양이 되게 수직으로 만든 것이다. 건물주가 이 건물 전체를 지역 특성에 맞게 학원으로 임대하기를 원했기 때문에, 휠체어를 탄 장애인도 탑승 가능한 12인승 승강기를 신설했다. 장애인 승강기를 설치하면 용적률과 건폐율에서 혜택을 받으므로 요즘 리모델링 시 선호되고 있다. 건물이 골목길에 입지하여 우중충한 느낌에서 벗어나도록 밝은 톤의 화강석으로 외장을 마감했다. 건물 전면은 개방감을 높이기 위해 유리로 외벽을 마감하는 기법인 커튼월을 설치하여 현대적 감각을 더했다. 주택으로 사용되던 2층부터 5층까지의 내부는 구조보강공사를 거쳐 모든 칸막이를 제거하고 탁 트인 공간으로 만들었다. 지하실에는 1층으로 직통할 수 있는 내부계단도 설치했다. 1층 내부에 있던 주차장은 외부로 옮겼고 그 자리를 실내공간으로 전환하여 1층의 사용가능공간을 넓혔다.

공사 대상 연면적이 281평으로 꼬마빌딩치고 작지 않아서 2020년에 공사비 7억 1,700만 원이라는 비교적 큰 금액이 투입되었지만, 따지고 보면 평당 공사비가 255만 원으로 당시 같은 규모로 재건축하는 비용의 절반에 불과했다.

이 지역은 연봉이 수십억 원에 달하는 스타강사들이 즐비한 동네이다. 축적된 자본으로 빌딩을 매입하거나, 빌딩을 통째로 임차하여 자신의 이름을 걸고 학원을 운영하는 것이 로망인 곳이다. 대치동은 브랜드가치 때문에 이면지역이라도 임대료가 높은 편이다. 현대식 빌딩으로 재탄생한 이 건물의 임대료는 시세대로 세를 놓는다면 현재 보증금 3억 원에 월세 2,800만 원 정도를 받을 수 있을 것이다. 연간 임대수입을 기준으로 대치동지역의 신축급 건물로 지금 빌딩 시장에서 통하는 임대수익률 기준으로 가치를 역산하면 155억 원 선에 달한다. 준공 25년 차 건물로서 리모델링하지 않고 꼬마빌딩 시장에서 거래할 경우, 건물가격은 쳐주지 않고 토지가격만으로 거래된다. 따라서 토지가격만으로 가치를 평가했을 때 2021년 기준 평당 1억 3,000만 원으로 추정할 경우 121억 원 정도이다. 리모델링 공사비 7억 1,700만 원을 투입한 결과 건물가치는 155억 원이 된다고 볼 수 있고 이로써 약 27억 원의 자본이득을 거둔 셈이다. 여기에 매월 얻는 임대수입은 덤이다.

5개월의 공사 끝에 이 건물은 현대식 학원 용도에 부합하는 첨단 빌딩으로 화려하게 변신했다. 리모델링을 시행한 건물주는 내로라하는 첨단빌딩주의 꿈을 이루게 되었고, 준공된 지 얼마 지나지 않아 이 건물은 건물주의 바람대로 학원으로 임대되었다.

구의동 단독주택을 생활밀착형 근린생활시설로

어린이대공원 후문 근처의 조용한 주거지역에 지하층이 딸린 2층 단독주택이다. 용도지역이 1종일반주거지역인 만큼 이 지역에는 5층 이상의 높은 건물은 없고, 대다수가 1~2층 규모의 단독주택들과 일부 다세대주택으로 구성되어 있다. 상권이 미약하여 상가건물은 거의 없다. 이 건물은 1987년 준공된 대지 62평에 층당 23평 정도의 주택이었다. 매수인이 2020년에 매입한 후 2021년에 리모델링을 완료했

리모델링 전 전형적인 단독주택 　　　　　주택형태를 살린 리모델링 후 근린상가

다. 리모델링 전의 모습에서 보이는 것처럼 외벽은 1970~1980년대
에 유행한 붉은 벽돌로 마감되었다. 지하층은 완전지하가 아닌 반지
하이고 2층은 베란다가 있는 전형적인 단독주택이다. 앞마당에는 작
은 정원이 꾸며져 있어 정겹게 보인다.

　이번 사례의 특징은 아무리 주거지역이라 해도 입지분석과 상권
분석을 철저히 수행함으로써 틈새시장을 개척했다는 점이다. 먹자상
권과 같은 상가건물로의 전환은 어려운 지역이지만, 주민들의 삶에
필요한 생활밀착형 근린생활시설로 용도 변경한다면 성공할 수 있다
는 것을 보여주는 사례이다. 가령 교습소, 필라테스, 화실, 독서실 등
은 조용한 주거지역에서도 주민들을 상대로 통할 수 있는 업종이다.

　근린생활시설로 리모델링하면서 1층 정원은 철거하고 그 자리에
주차시설 2대를 마련했다. 지하층부터 2층까지 같은 평수로 똑바로
올리기 위해서 1층과 2층의 내력벽 일부를 철거하고 철골로 구조보강
을 했다. 용적률에 여유가 있어 3층을 증축하려 했지만, 정북측의 인

접 필지에 일조권 사선제한이 저촉되어 여의치 않았다. 따라서 증축은 하지 않고 대신 3층처럼 보이도록 패러핏을 설치하여 조성된 공간을 입주민들이 휴게공간으로 활용하도록 배려했다. 기존에 주택일 때는 정화조 용량이 10인용이면 충분했지만, 리모델링하면서 전체가 근린생활시설로 변경된 만큼 정화조 용량이 늘어남에 따라 40인용으로 교체했다.

컬러 콘셉트는 검은색과 흰색의 하모니이다. 철제 계단과 반지하실은 검은색이다. 반지하 층의 외벽은 요즘 유행하는 롱브릭으로 마감하여 세련미를 더했고, 층별 테두리는 검은색 메탈패널로 둘렀다. 1층과 2층 외벽의 좌측부에 개방감 있는 통유리창을 설치하고, 우측부에는 아기자기한 창을 설치하여 대조를 이뤘다. 1~2층 외벽의 잔여 공간은 깔끔하게 흰색 스타코로 마감했다. 1층 전면과 건물 우측 코너의 작은 공간에는 조경목과 다양한 화분을 배치하여 조경미를 더했다.

근린생활시설로
대수선한 사례

건대 앞 낡은 상가가 스타벅스 건물로

서울에는 각 지자체별로 내로라하는 대표상권들이 1~2개씩 존재하지만 서울 전체를 통틀어 5대 활황상권을 꼽으라면, 전문가별로 순위는 서로 다를 수 있겠으나 홍대상권, 강남역상권, 가로수길, 건대상권, 이태원상권 정도를 들 수 있을 것이다. 이들 상권의 특성은 주요 고객이 젊은 층이라는 것이고 상권 내에서 먹거리, 즐길 거리가 잘 구비되어 있다는 것이다.

이 낡은 건물은 건대상권 대로변 초역세권의 우량한 위치에 소재한 건물인데, 1980년대 양식으로 지어진 상가로서 상권 위상에 걸맞지 않게 외관이 초라하기 그지없었다. 용도지역은 재건축할 경우 8~10층까지 올릴 수 있는 준주거지역으로서, 대지면적도 447㎡(135

평)로 작지 않은 크기지만 1987년 축조 당시 지하 1층에 지상 4층까지
만 올렸다. 승강기도 없고 주차시설도 몹시 부족하여 상가건물로 제
값에 임대하는 데 문제가 많았다. 건폐율 49%에 용적률은 법정허용
치 400%에 한참 못 미치는 183%에 불과했다. 워낙 위치가 좋아 공
실 걱정은 없었지만 2~4층은 엘리베이터가 없고 건물이 낡아 시세보
다 낮은 가격으로 임대 중이었다.

　고밀도 개발이 가능한 토지에 걸맞게 부동산가치를 최대치로 구현
하기 위해 건물주는 재건축도 검토했다. 그러나 용적률 400%를 적용
한 신축비용이 30억 원을 훌쩍 초과하여 건물주가 감당하기에 무리
여서 이를 포기하고 리모델링하기로 결정했다. 상권이 우수한 만큼
굳이 신축하지 않아도 저층부를 우량임차인으로 채울 경우 상당한
임대수입을 얻을 수 있다는 판단으로, 외관을 현대적 디자인으로 개
조하고 승강기를 신설하여 편의성을 제고하는 방식의 대수선을 선택
한 것이다.

리모델링 전의 모습에서 보는 바와 같이 건물 최상층은 비스듬한 경사면에 작은 창문이 여럿 있었다. 과거에 지어진 건물 중에 이처럼 유럽풍 양식의 건물이 있는데 경사진 꼭대기층은 전용면적이 적고 이용이 불편하여 임대가 원활하지 않다는 단점이 있다. 이번 기회에 경사진 부분을 똑바로 펴 올리기로 했다. 구조적 안전성과 빗물 처리 문제를 해결하기 위해 세심히 설계하여 경사지붕 위에 벽체를 신설하는 방식으로 현대식 이미지의 평지붕 형태를 구현했다. 건물의 이미지를 현대식으로 변경하는 것이 본 프로젝트의 목표였기 때문에, 기둥을 제외한 모든 벽돌을 철거하고 전면은 밝은 톤의 석재타일로 교체했다. 전면의 창은 커튼월 방식의 통유리로 마감하여 시야가 탁 트이게 만들어 개방적이고 현대적인 느낌이 살아났다.

그런데 엘리베이터를 신설하는 데 문제가 있었다. 엘리베이터는 이용자가 1층에서 곧바로 엘리베이터를 탑승할 수 있는 위치에 설치해야 한다. 기존의 건물은 여러 계단을 올라가면 만나는 계단참에 엘리베이터를 설치해야 했기 때문에 무거운 짐을 들고 엘리베이터를 탑승하기가 매우 불편할 수 있어 이 방식을 포기했다. 그 대신 건물 후면에 있는 공지 방향으로 수평증축하기로 했다. 이렇게 후면공간이 넓어지자 엘리베이터와 화장실을 설치하여 건물 이용이 한결 편리해졌다.

승강기 및 화장실의 추가 설치에 따라 건물의 연면적이 증가하면 증가된 만큼의 주차대수 추가가 필수적이다. 궁리한 결과 건물 뒤편의 공지를 활용하여 1층에서 지하층까지 수직으로 오르내리는 간이식

174

주차기계를 설치함으로써 문제를 해결했다.

대수선 허가조건에 따라 조경면적이 부족했는데, 기존의 대지에 추가적인 조경을 확보할 공간이 없어 옥상에 필요한 조경면적을 확보했다. 또한 옥상 조경을 원활하게 관리할 수 있도록 접근이 용이한 별도의 계단을 신설했다.

리모델링한다는 소문이 나자 모든 건물주들의 로망 1순위 임차인이라 할 수 있는 스타벅스가 공사가 한창인 시점에 제 발로 찾아와서 1층과 2층을 임차하기로 했다. 그들의 요청에 따라 1층에서 2층으로 통하는 내부계단을 설치했을 뿐 아니라, 공사를 완공하기에 앞서 1~2층 카페 공사를 우선적으로 완료해주어 3~4층 공사기간 중에도 카페 영업을 할 수 있도록 공사스케줄을 조정했다. 이처럼 저층부는 상층부 공사가 진행되어도 영업을 할 수 있으므로, 건물주는 그만큼 공실기간을 줄이고 임대수입을 추가할 수 있는 이점이 있다.

2018년에 5개월 동안 공사비 13억 6,300만 원을 들인 공사가 완료되었다. 연면적 1,057㎡(320평) 대비 평당 426만 원이 투입되어 그 당시 평균적인 대수선비용보다 좀 더 들었다. 낡은 건물 안팎을 해체한 후 드러난 골조 상태가 부실하면 상당한 비용을 들여 구조보강공사를 해야 하고, 증축공간에 엘리베이터를 설치하는 경우에도 엘리베이터 비용과 설치비가 추가된다. 경사진 지붕을 똑바로 펴 올린다는 것도 말이 쉽지 난공사이다. 건물 뒤편의 공지에 기계식 주차시설을 설치하는 비용도 꽤 들었다.

건물주는 과감한 결단으로 상당한 리모델링비용을 투입한 결과 스타벅스 같은 우량임차인을 유치하여 1~2층을 임대하고 있으니 누가 보아도 똑소리 나는 상가빌딩주가 된 것이다. 참고로 스타벅스와 같은 유명 프랜차이즈 업체들은 임대료를 월정액으로 지불하지 않고 월 매출의 10~14% 선으로 건물주와 합의하여 지불하는 경우가 있다. 상권이 좋아 매출이 높으면 시세보다 두 배 이상의 임대수입을 얻기도 하고, 매출이 낮으면 반대가 되기도 한다. 그러나 서울에서 다섯 손가락 안에 꼽히는 노른자위 상권에 입주한 스타벅스라 평균 이상의 매출을 올리리라는 점은 걱정하지 않아도 될 것이다.

당산동 상가주택을 근린생활시설로

이 사례는 현재 진행 중인 건이다. 아직 완공되지 않은 사례를 소개하는 이유는 리모델링을 계획하는 건물주들에게 리모델링이 실전에서 어떤 절차에 따라 진행되는지 구체적으로 소개함으로써 이해를 돕기 위함이다.

필자의 매경부동산아카데미 강좌 수강생 출신인 투자자가 필자를 찾아왔다. 마음에 드는 매물이 있는데 리모델링할 가치가 있는지 분석 좀 해달라는 것이다. 분석해보니 현재의 상가주택을 상가건물로 리모델링하기에 입지도 괜찮은 편이고, 5층을 증축하면 수지분석 결과가 좋을 것으로 답해주었다. 이에 투자자는 즉시 매매계약을 체결했고, 곧바로 필자와 리모델링컨설팅(PM)계약을 맺었다. PM계약이란 프로젝트매니저계약을 말하며, PM이 리모델링 공사 전반에 대하여 총괄진행임무를 수행하는 용역계약이다. 즉, 수지분석과 시공사 연결, 건물 디자인 도출, 인허가관리, 시공관리 및 완공 때까지 프로젝트 전반을 관리·감독하는 일이다.

PM역할 중 가장 중요한 일은 건물 외관 디자인을 도출하는 일이다. 공사 후의 건물이 어떨지는 모든 건물주들의 최대 관심사이기 때문이다. 외관은 우선적으로 건물주 본인의 마음에 들어야 하고 그 다음은 세입자의 마음에 들어야 한다. 혹여 나중에 매각할 때에는 매수인의 마음에 들도록 디자인해야 한다. 이토록 중요한 것이 건물 디자인이므로 이를 위해서 PM은 심혈을 기울여 입지와 건물 특성에 맞는 디자인을 선택하여 건물주에게 제시해야 한다.

다음은 필자가 PM으로서 건물주에게 제시한 리모델링 후의 건물 모습이다. 맨 좌측은 현재의 낡은 상가주택이고, 우측 샘플 3개는 필자가 준비하여 제시한 것이다.

리모델링 후 외관 모습 사례

| 현재모습 | 샘플 예시 1 | 샘플 예시 2 | 샘플 예시 3 |

제시된 샘플 3개 중 어떤 게 마음에 드는가? 취향에 따라 선택은 달라질 것이다. 단순한 고딕 디자인을 원한다면 맨 우측을 선택할 것이고, 금색 테두리와 높은 패러핏을 좋아한다면 첫 번째를, 아기자기하고 예쁜 것을 원하면 두 번째를 택할 것이다. 사람의 눈이 비슷하듯 투자자는 두 번째를 선택했다.

건물 디자인이 정해졌으니 이제는 리모델링 시공사와 미팅할 차례이다. 미팅 때에는 시공사와 한 팀으로 움직이는 건축사가 함께 참석한다. 이 자리에서 건물주의 디자인 의중이 전달되고, 각 층을 어떤 공간으로 만들고, 건축자재를 어느 수준으로 사용하며, 대략적인 공사비가 얼마나 될지에 대하여 이야기를 나눈다.

시공사와 건축사가 본격적인 리모델링을 검토하기 위해서는 설계도면이나 건축물현황도가 필요하다. 이 투자자는 매매계약만 체결한 상태이고 잔금을 치르기 전이므로 설계도면은 매도인으로부터 전달받지 못한 상태였다. 대안은 건축물현황도를 구청에서 떼는 것이다. 이것은 매도인뿐만 아니라 매수인이나 건물을 중개한 공인중개사도 뗄 수 있다.

다음은 건축물현황도이다. 독자 눈에는 현황도면을 이해하는 게 다소 어려울 것이다. 더구나 이 도면은 컴퓨터로 설계하기 전 시기에 건축사가 수기로 그려낸 도면이라서 뚜렷하지도 않다. 주안점은 필지에서 건물이 앉아 있는 직사각형 좌측 세로의 짙은 기둥이 사도라는 것이다. 여기서 대단히 중요한 것이 있다. 옆 사진의 지적도를 보면 24번지와 23번지가 서로 붙어 있지만, 현실에서는 중간에 4미터 폭 도로가 나 있는 것이다. 이 의미는 도로 좌측과 우측에 있는 필지에서 폭 2미터씩 떼어내서 도로를 만들었다는 것이다. 서울에는 이런 현황도로가 수없이 많다. 문제는 이렇게 도로에 떼어준 면적은 리모델링 시에는 상관없지만, 건물을 신축하는 경우에는 쓸 수 없다는 것이다. 즉, 도로에 떼어주고 남은 면적을 기준으로 건폐율과 용적률을 적용하는 것이다.

이 사실을 잘 아는 필자는 투자자에게 사전에 조언하여 도로에 제척되는 면적이 약 8평이므로 매매가격에서 그만큼 깎으라고 권했다. 매수인의 설명을 들은 매도인은 이에 수긍했고 그 면적만큼 가격을 저감하여 매매계약을 체결했다. 이런 것을 모르고 매입하는 투자자도 많고, 중개하는 중개사도 있다는 데 주의해야 한다. 즉, 투자자는 계약하기 전에 반드시 지적도를 떼어 현장에 가서 필지 좌우측에 사도가 있는지 유무를 체크한 후, 문제가 없으면 계약하고 이번 것처럼 문제가 있으면 사도로 제척된 만큼 저감시킨 후 계약해야 한다.

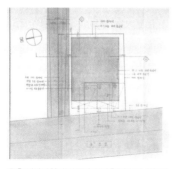

우측 직사각형이 건물이고 좌측 기둥이 사도임

지적도에는 사도가 없음

시공사와 건축사는 건축물현황도를 기초로 리모델링 공사를 검토했다. 문제가 없으면 구조안전진단업체에 의뢰하여 구조진단을 받는다. 이 건물은 지하층부터 2층까지는 철근콘크리트조이지만 3층과 4층은 연와조이다. 연와조란 슬래브를 제외한 모든 벽체가 벽돌로 쌓아 올린 것으로서 모든 벽들이 하중을 지탱하는 구조체라는 뜻이다. 따라서 주택 구조인 3~4층을 근린생활시설로 만들기 위해서는 벽을 전부 터야 하는데, 이때 구조보강을 철저히 해야 건물이 무너지지 않는다. 이런 보강을 위해서 어디에 보와 기둥을 설치해야 하는지, 압축강도와 인장강도가 적정한지 등 구조관련 등급을 매기고 리모델링을 위한 구조설계도면을 도출하는 일을 구조안전진단업체가 수행하는 것이다. 구조안전진단 결과 등급이 좋게 나왔다. 3~4층에 적절한 구조보강만 하면 될 정도로 건물 상태가 상당히 양호했다.

구조안전진단에 따른 구조보강을 반영하여 건축사가 설계도면을 작성한다. 시공사는 이를 기초로 견적을 낸다. 그런데 견적이 예상보다 높게 나왔다. 건물의 전면과 측면을 커튼월로 시공해야 하므로, 연와조로 축조된 3층과 4층의 외벽을 철거해야 한다. 이를 위해서는 철거 전에 철저히 구조보강 조치를 미리 취한 후 조심스럽게 벽면을 철거해야 하기에 철거비와 구조보강비가 많이 나왔다. 예산이 초과되어 문제에 봉착한 건물주를 돕고자, 필자는 공사비 절감 방안을 도출하기 위해 시공사, 건축사, 건물주와 함께 미팅을 가졌다.

며칠 후 3층 세입자가 이사 간 후에 천장을 뜯어보니 건축물현황도에는 없는 기둥과 보가 설치되어 있는 게 아닌가? 애초 건축 당시에 안전을 우려한 건축주가 설계도에는 없는 기둥과 보를 설치하라고 시공사에게 요구하여 설치했던 것이다. 과거의 건물을 뜯어보면 이런 일이 흔하다. 즉, 설계도면과 실제가 다른 것이다. 그런데 이번에 발견된 실제와 다른 시공은 건물주에게는 커다란 행운이었다. 구조보강 비용을 대폭 절감할 수 있게 된 것이다. 앞으로 4층 임차인이 나가면 4층도 뜯어본 후 설계를 다시 해야 한다. 3층이 보강된 것으로 미루어 4층도 보강이 되었을 가능성이 높다.

지금까지의 검토를 기반으로 시공사와 건축사가 협력하여 건물 디자인을 도출했다. 조감도가 있고, 투시도, 좌측면도, 우측면도 등을 참고 할 수 있다. 이를 보고 건물주가 세세한 부분을 조정해가며 최종안이 결정되는 것이다.

이제 남은 절차는 4층 임차인이 나가면 천장을 뜯어보고 구조설

조감도

투시도

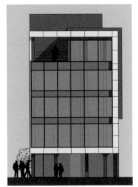

동측면   출입정면   정면도

계를 업데이트하는 것이다. 그에 따라 건축사가 설계도면을 확정하고, 시공사는 이에 기초하여 정확한 견적을 산출한다. 이어 건물주와 미팅하여 가격을 조율한 후 도급계약을 체결한다. 그 후 건축사는 지자체에 철거계획과 리모델링 허가를 신청하고, 허가를 받으면 착공에 들어간다.

　이 공사는 건물 외관의 2면을 커튼월로 마감하고 5층을 증축하며, 승강기를 설치하는 난도가 높은 공사이다. 공사기간은 약 5개월이 소요될 것이다. 앞의 조감도와 같이 공사가 완료되는 2024년 초에는 이 지역에서는 찾아보기 어려운 첨단 근생빌딩으로 재탄생되어 그 지역에서 돋보이는 건물이 될 것이다.

2인3각으로 묶인 개발제한을 리모델링으로 돌파

건물 투자에 나서면 평소에 익숙지 않았던 토지이용계획이라는 것을 접하게 된다. 매물의 지번을 입력하여 출력해보면 지역지구 등 지정 여부가 나오는데, 간혹 일반인들에게는 친숙하지 않은 '지구단위계획구역'이라는 것이 있다. 지구단위계획이란 지정된 구역 안에 있는 토지들에 대하여 토지 이용을 보다 합리화하고, 기능 증진 및 미관 개선을 통해 양호한 환경을 확보함으로써, 그 지역을 체계적이고 계획적으로 관리하기 위해 지자체가 수립한 관리계획이다. 일견 해당지역 발전을 위해 매우 좋은 계획으로 들린다.

그런데 내용을 파고들어가 보면 건물주 마음대로 개발할 수 없도

리모델링 전 상가건물

의료시설로 리모델링

록 족쇄가 채워진 경우가 많다. 그중에서 가장 큰 제약은 두 필지나 세 필지가 하나로 묶여 있는 경우가 있다. 이때 건물을 신축하기 위해서는 묶여 있는 모든 토지를 하나로 통합해야 한다. 예를 들면, 세 필지가 있는데 지주가 각각 다를 때 어느 한 지주가 나머지 필지를 매입하여 신축해야 하는 것이다. 부부간에도 의견의 일치가 쉽지 않은데 각자 처한 입장이 다른 남남 간에 개발에 대한 합의를 이루어낸다는 것은 사실상 불가능에 가깝다. 따라서 개발이 시급한 지주는 속만 태우는 경우가 흔하다.

영등포의 한 역세권에 있는 이번 사례도 지구단위계획으로 개발이 제한된 사례이다. 용도지역이 일반상업지역이라서 지상으로 10층 정도 올릴 수 있는 곳이다. 투자자는 의료시설을 신축하기 위해서 지구단위계획으로 묶여 있는 세 필지 중 두 필지를 먼저 매입한 후 나머지 필지를 매입하고자 지주를 만나 협상을 진행했다. 하지만 그분은 절대로 팔지 않겠다고 하는 바람에 신축의 꿈을 이룰 수 없었다. 다만, 리모델링은 각 필지별로 진행할 수 있어서 그나마 다행이었다. 신축으로 10층 건물을 지을 수 있는 토지였는데 차선으로 리모델링을 선택한 것이다. 투자자는 이미 매입한 두 필지상에 있는 건물을 리모델링하면서 두 건물을 잇는 구름다리를 놓기로 했다.

공사가 시작되어 건물 내부를 뜯어보니, 슬래브의 열화가 일부 진행되어 강철보다 열 배나 강한 탄소섬유로 보수작업을 마치고, 그 위에 도장하여 마감했다. 외벽 중 전면은 개방감이 뛰어난 커튼월로 처리했고, 나머지 3면은 건물 하중 부담을 줄이기 위해 메탈패널로 마

철거 후 드러난 슬래브의 열화 상태　　　　　탄소섬유 보강 및 도장 마감 후 모습

메탈패널 및 커튼월 부착을 위한 하지작업　　　메탈패널과 커튼월 부착 공사

감했다. 승강기도 설치하고 내부를 의료시설에 맞게 단장했다.

교통허브 역세권의 상업용 빌딩 외관 대수술

당산역은 서울시 서남부권의 교통 요충지이다. 지하철 2호선과 9호선이 지나는 환승역이자 파주, 일산, 부평, 김포 등 외곽지역에서 광역버스나 간선버스들이 영등포로 진입할 때 정차하는 필수 코스이

타일과 불투명유리 외관   석재와 커튼월 마감

다. 사당역이나 신도림역처럼 가히 교통의 허브라 하겠다.

이렇게 유동인구가 많은 역세권에 있는 건물들 중에는 준공된 지 30년이 경과된 경우가 흔하다. 이 지면에 소개할 건물은 외관 리모델링이 핵심이다. 즉, 전면은 기존의 불투명 유리창을 전부 철거하고 창호를 대폭 확대한 후에 투명한 유리로 마감하는 커튼월 방식을 채택했다. 전면을 제외한 나머지 외관은 기존의 무채색 타일 대신에 깔끔하고 고급스러운 밝은 톤의 석재로 마감하여 첨단 빌딩으로 거듭났다.

이 건물은 지하층이 딸린 9층 건물로 1991년도에 준공되었다. 대지가 476㎡(144평)이고 연면적은 2,704㎡(818평)로 꼬마빌딩 체급을 뛰어넘는 중소형급 규모이다. 기존의 모습도 사진에서처럼 일견 아쉬울

게 없어 보이지만, 유리가 불투명이라서 밖이 보이지 않아 답답했다. 외벽은 자잘한 베이지색 타일로 부착되어 평범한 모습이었다. 내부는 사무실이나 근생으로 층당 한 업체에 임대하는 근린생활시설 겸 업무용 빌딩이다.

리모델링 시 임차인들을 퇴거시키는 일은 상당히 괴로운 과정이다. 명도비용도 많이 든다. 임차인들과 명도 협상을 거치면서 건물주는 지치고 공사 착공도 지연되는 경우가 잦다. 우여곡절 끝에 1층 임차인은 공사기간 중에도 영업을 할 수 있도록 배려했고, 잔여 층 임차인들은 내보낼 수 있었다.

이 건물은 골조 상태가 대체로 양호하고 관리가 잘되어 특별히 구조보강이 필요하지 않았다. 계단실 관리도 잘되어 있는 편이라서 계단바닥의 석재는 그대로 유지하고 벽면은 흰색으로 도장처리만 해도 깔끔했다. 화장실은 현대적 감각으로 전면적으로 개선했다. 벽면과 바닥은 타일로 마감하고 도기도 교체했다. 가장 문제가 되는 부분이 외관이다. 투명유리를 부착하려면 기존 유리를 철거한 후 철제 프레임을 창호에 적정 크기로 설치해야 한다. 또한 외벽에 석재를 부착하기 위해서는 하지작업이라 하여 철제 틀을 만들고 석재 크기에 맞게 외벽에 부착해야 한다. 하지작업이 완료된 후에는 크레인을 이용하여 유리를 끼우고 유리와 유리 사이의 틈은 실리콘으로 마감한다. 석재도 틀에 맞추어 조립하듯 외벽에 부착한다.

약 5개월여 공사 끝에 현대적 외관과 기능을 갖춘 첨단빌딩으로 재탄생했다. 이렇게 골조 상태가 양호한 빌딩은 공들여 리모델링을

커튼월 프레임 설치　　　　　　통유리 부착공사　　　　　　외벽 마감 후 모습

하면 향후 40년 이상 새로 지은 건물처럼 사용할 수 있다. 세련된 내
외관을 갖추자 새로 들어오는 임차인들의 거주만족도가 상승한 것은
물론이고 임대료도 제법 올라 자산가치는 공사비 대비 두 배 이상 올
랐다.

망해가던 여관이 신세대가 즐겨찾는 카페로 변신

　　신림역세권은 관악구에서 전통 있는 대표적 먹자상권이다. 지금은
서울대입구역 먹자상권에 세로수길이 들어서면서 신림역세권과 양강
구도를 형성하고 있지만 원조는 신림역세권이다. 지하철 신림역 출입
구를 나와 어디를 가든 먹자천국이다. 여느 먹자상권처럼 음식점과
주점, 노래방, 모텔들이 밀집되어 있다. 이곳은 특히 순대타운으로 유

명하다.

이번에 소개할 리모델링 사례는 신림역에서 가까운 곳에 흐르는 신림천 근처에 있는 여관이다. 과거의 여관이 현대에도 생존하려면 트렌드에 맞춰 모텔로 리모델링을 해야 할 텐데, 이 건물주는 그럴 생각이 없었다. 대지가 187.4㎡(56.7평), 연면적이 471.5㎡(142.6평), 1986년에 준공된 지하 1층에서 지상 4층까지 있는 규모로, 모텔로 개조하기에는 규모가 작은 편이기는 했다. 그래서 그런지 점차 폐업을 향해 달려가고 있었다.

필자가 잘 아는 투자자는 이 여관을 헐값으로 매입했다. 규모는 작지만 신림천변에 입지하여 탁 트인 전망이 특급이었다. 서울 시내에서 이 정도의 전망을 갖추기는 쉽지 않다는 점에 착안하여 여관을 MZ

망해가던 여관

트렌디한 아지트 카페

세대용 카페로 리모델링했다.

이번 사례의 특징은 외관을 컬러벽돌로 마감했다는 것이다. 스타벅스도 그렇듯 유명 카페들은 건물 외관 마감재로 컬러벽돌을 애용한다. 쥐색 톤의 예쁜 벽돌과 세로창의 캐노피가 카페 느낌을 물씬 풍긴다. 내부는 요즘 카페 분위기에 어울리는 빈티지풍으로 마감했다. 완공 후 이곳은 신세대의 아지트가 되었다. 카페인지 독서실인지 너나 할 것 없이 모두가 노트북을 들고 와서 머물다 간다. 요즘 신세대가 즐겨 찾는 전형적인 카페 모습이다.

이것이 리모델링의 장점이다. 시대 흐름에 뒤처져 사양화하는 건물을 땅값만 주고 매입한 후, 입지에 최적화된 업종으로 특화시켜 건물의 골조는 남기고 건물 안팎을 신자재로 마감하여 새 건물로 살려내는 것이다. 이 건물의 사례가 좋은 본보기가 된다.

고난도 리모델링 사례

폐업 직전의 가구매장이 증축 후 첨단 업무용 빌딩으로

서울에서 '논현동' 하면 가구전시장이 떠오른다. 베이비부머들이 결혼적령기에 도달한 1980~1990년대에 서울을 비롯한 전국에서 아파트뿐만 아니라 다가구주택, 연립주택, 꼬마빌딩들이 우후죽순처럼 생겨났다. 지금 공급되는 아파트를 비롯한 주거시설에는 빌트인 가구가 포함되어 있어 장롱이나 신발장, 수납장 등을 별도로 구입할 필요가 거의 없지만, 과거에는 신혼살림을 꾸리거나 큰 집으로 이사할 때 새 가구를 장만하는 일이 당연했다. 서울지역의 경우 강남구 논현동이 가구거리로 특화되어 국내외의 내로라하는 가구점들이 논현역부터 학동역에 이르는 거리에 들어섰고 주변 곳곳에 가구매장들이 포진하고 있었다.

　1기 신도시 입주가 시작되던 1990년대를 기점으로 붙박이식 가구들이 공급되면서 가구거리는 쇠퇴의 길로 접어들었고 논현동에서 가구매장이 하나둘씩 자리를 감췄다. 이 건물도 가구매장으로 4층 전체가 임대되고 있었는데, 가구산업 사양화에 따라 공실이 발생하자 건물주는 필자의 협력사인 리모델링 전문업체와 상담한 끝에 남아 있는 용적률을 최대한 활용하여 4개 층을 증축하기로 마음먹었다.

　차병원으로 유명한 언주역 대로변에 위치한 이 건물은 1981년에 준공된 상가건물이다. 용도지역이 3종일반주거지역인 상가건물로 대지면적이 647㎡(196평)이고 연면적이 1,367㎡(413평), 지하 1층이 딸린 지상 4층 건물이었다. 말이 상가건물이지 승강기도 없고 주차시설도 미흡하여 무슨 업종을 유치해도 장사가 잘되기는 어려운 상태였다.

　지상 4층 건물 위에 4개 층을 증축하면서 승강기도 설치하고 기계식 주차장도 신설하는 등 건물 내외관을 전면적으로 리모델링한다는 것은 보통 일이 아닌 고난도 작업이다. 증축을 하려면 기존 골조가 증가된 하중을 견딜 정도로 튼튼해야 하는데 그렇지 못한 경우가 대부분이다. 어떤 건물이든 처음 설계할 때 층수가 몇 층이냐에 따라 이에 적당한 하중을 견딜 수 있도록 설계하는 것이지, 수십 년 후 예상되는 증축을 감안하여 처음부터 필요 이상으로 골조를 튼튼하게 만드는 일은 없다. 그것은 그때 가서 고민할 일이다. 미리부터 불필요한 비용을 투입할 필요는 없기 때문이다.

이렇게 4개 층이나 증축을 해야 하므로 사전에 구조안전진단을 실시하면서 구조계산을 철저히 하여 기둥과 보, 슬래브 등에 구조보강 작업을 거쳤다. 또한 증축되는 층의 구조는 하중을 줄이기 위하여 철근콘크리트조가 아닌 철골조로 짓는 것이 일반적이다. 계단도 외부에서 조립해온 철제 계단을 설치함으로써 튼튼하면서도 하중이 적은 이점을 살렸다. 건물 크기가 꼬마빌딩 수준을 넘어 중형급 빌딩으로 커짐에 따라 승강기도 대형으로 신설했고, 6층 이상 건물에 새로 적용되는 법령에 따라 장애인 화장실도 설치했다. 탁 트인 개방감 확보를 위해 창문을 대형 유리로 마감하는 커튼월 방식을 택했다. 건물 외벽에는 중후한 톤의 컬러벽돌로 마감했다. 천장은 요즘 유행하는 노출천장 방식으로 마감하면서 시스템에어컨도 설치했다. 부족했던 주차시설을 보완하고자 건물 외부의 여유공간에 주차타워를 신설하여 18대 수용 가능한 기계식 주차공간을 마련했다.

노출천장과 시스템에어컨

승강기와 화장실

철제 계단 노출 마감

타일과 도장 마감한 복도

장애인 겸용 화장실

약 6개월여 기간 동안 증축을 겸한 대수선공사 결과 4층짜리 건물이 어엿한 8층 첨단 빌딩으로 재탄생했다. 이로써 더 이상 가구매장과 같은 특수 업종에만 의존하지 않고 무슨 업종이든 수용할 수 있는 상가 겸 오피스빌딩이 태어난 것이다.

리모델링으로 덩치와 수익성이 두 배 커진 면목역 꼬마빌딩

7호선 면목역에서 150미터 거리 대로변에 입지한 이 건물은 1984 년도에 준공된 지하층이 딸린 지상 3층 상가건물이다. 용도지역이 3종일반주거지역으로서 대지면적 294㎡(89평), 연면적 645㎡(195평)이었다. 지상 5층까지 올릴 수 있는 땅인데도 건축비를 아끼려고 엘리베이터 없이 3층으로 지은 것이다. 얼핏 보기에도 우리 주변에서 흔히 볼 수 있는 외벽을 타일로 마감한 꼬마빌딩이다.

리모델링에 적합한 매물을 알아보던 투자자는 이 건물을 2020년에 29억 5,000만 원에 매입했다. 매입 당시에는 36년 된 낡은 건물이어서 건물가격은 쳐주지 않고 토지가격만으로 평당 3,315만 원에 사들인 것이다. 취득세와 중개보수를 포함하여 31억 원이 들었다.

낡은 건물을 보유하거나 매입하여 리모델링하려는 경우 사전에 건물의 입지에 최적화된 상권분석과 입지분석을 수행해야 실패가 없다.

분석 결과 이 건물은 역세권 대로변에 입지하여 상가나 사무실로 임대하기에 손색이 없다 판단하고 1층은 상가로, 잔여 층은 상가나 사무실로 임대할 목적으로 증축을 겸하여 리모델링하기로 했다.

기존 건물의 계단 폭이 100센티미터였다. 증축 없이 리모델링하는 경우 기존 계단 폭이 존중되어 그대로 사용 가능했지만, 지자체와 인허가 심의과정에서 증축을 겸하는 경우 계단 폭이 최소 120센티미터가 되어야 한다는 신설 규정 때문에 계단실과 화장실을 통째로 철거하고 엘리베이터와 화장실, 계단실을 새로 설치해야만 했다. 이로 인해 뜻하지 않게 추가공사비가 들었다. 리모델링 공사에는 이렇게 예기치 못한 사유로 추가공사비가 들 수 있는 것을 감안해야 한다.

기존 건물의 용적률에 여유가 있어 리모델링 시 증축을 겸하는 경우 주의할 사항이 바로 일조권 사선제한이다. 우리나라에서 리모델링 용도로 적합한 중소형빌딩의 십중팔구는 용도지역이 2종일반주거지역이거나 3종일반주거지역이다. 일반주거지역에서 신축이나 리모델링을 할 때 북측에 인접한 토지에 일조권을 보장해주는 범위 내에서 건물을 올려야 한다. 아무리 용적률에 여유가 많다고 해도 그만큼 증축할 수 있는 게 아니다.

다행히도 이 토지는 북측에 일조권 사선제한을 피할 수 있는 땅이었다. 땅 모양이 북측으로 길쭉하여 사선제한을 거의 받지 않아 3종일반주거지역 용적률 상한인 250%를 거의 채운 247.29%를 구현했다. 이에 따라 문제없이 4층부터 5층까지 층당 44평씩 증축할 수 있었다. 건물 내부 천장은 깔끔하게 흰색 텍스로 마감하고 바닥은 은은한 현대식 디자인의 PVC 자재로 마감하여 사무실 또는 상가로 사용하기에 적합하도록 했다. 창문도 널찍한 창에 환기가 가능한 보조창을 달아 개방감과 실용성을 높였다. 옥상에는 임차인들의 휴게공간으로 정원을 조성했다. 옥상 바닥은 방수작업 후 인조잔디를 깔았고, 한편에는 담소 나눌 공간으로 커피 테이블과 파라솔을 설치했다. 가장자리엔 조경목을 설치하여 전체적으로 작은 공원을 만든 것이다.

또한 건물이 커 보이도록 옥상에 패러핏을 설치하여 밖에서 이 건물을 보면 마치 6층 건물인 것처럼 보인다. 앞에서 살펴본 것처럼 패러핏은 기능적으로 옥상의 난간을 대신하면서도 건물을 한 층 더 높이 보이도록 하여 건물에 멋과 중후함을 더해주는 효과가 있는 시설물이다. 건물 외벽은 1~2층은 검은색 벽돌로 마감하고 3층부터는 미색 대리석으로 마감하여 현대적 감각의 외관을 갖췄다. 이 건물은 필자의 협력사가 시공을 했다. 리모델링 완공 후 필자가 최종점검 차원에서 옥상부터 지하층까지 샅샅이 살펴보았는데, 어디에도 낡은 건물의 흔적이 남아 있지 않았다. 과거에는 리모델링한 건물을 살펴보면 군데군데 낡은 건물 흔적을 찾아볼 수 있지만 요즘에는 리모델링한 건물이라는 느낌을 전혀 받지 않을 정도로 기술이 진보했다.

리모델링 전에 이 건물은 만실 시 보증금 1억 원에 월세 700만 원이었는데, 리모델링 완공 후 보증금 2억 원에 월세 1,500만 원이 나온다. 건물가치를 판단할 때 업계에서 흔히 사용하는 방식이 수익률법이다. 즉, 가격 측정시점에 시장에서 통용되는 임대수익률을 기준으로 건물가치를 평가하는 것이다. 2022년 8월 기준 서울 시내 건물의 경우 지난 3년간 급격히 오른 토지가격 때문에 임대수익률이 낮아졌다. 임대료는 3년 전과 같은데 땅값이 폭등했기 때문이다. 가령 3년 전에 대지면적 100평에 토지시세 평당 5,000만 원 하던 건물이 50억 원 정도였는데 지난 3년 동안 서울지역 땅값이 최소 50% 인상되어 75억 원이 되었음에도 임대료는 3년 전과 거의 동일하다. 3년 전 임대료가 1억 원에 1,500만 원이었다면 건물가치 50억 원 기준으로 임대수익률이 3.67%였다. 그때는 1금융권 대출이자율도 2%대로 저렴했다. 그런데 지금은 대출이자율이 4%대로 오른 데다 땅값 상승으로 50억 원짜리가 75억 원이 되었고 임대료는 1억 원에 1,500만 원 그대로이므로 임대수익률이 2.43%인 것이다. 상황이 이렇다 보니 현재 서울의 빌딩 시장에서는 임대수익률이 2.5% 정도면 우량한 매물로 통한다.

결국 이 건물을 리모델링하여 임대한 결과 보증금 2억 원에 월세 1,500만 원이 나오므로 요즘 서울시에서 통하는 임대수익률 2.5%에 맞추어 역산하면 건물가치가 74억 원 정도 된다. 따져보니 투자자는 매입비용으로 31억 원에 리모델링 공사비 14억 원을 들였으니 투입비용이 45억 원이다. 여기에 은행융자 약 30억 원을 이용했으므로 1년 치 이자비용 1억 원을 추가한 46억 원이 총투자비용이다. 따라서 이 건물을 74억 원에 매각한다고 가정하면, 임대료수입 외에 세전 시세차익만 해도 약 28억 원 정도 예상되어 성공적인 재테크 효과를 거둔 사례라 할 수 있겠다.

52년 된 꼬마빌딩, 리모델링 후 신축보다 14억 높은 건물가치

　사진 속 건물은 서울 마포구에 있는 꼬마빌딩으로 1968년 준공되어 나이가 무려 50살이 넘은 노후 건물이다. 건물주는 전문가의 도움을 받아 분석한 결과 건물을 허물고 신축하기보다는 골조만 남기고 리모델링하는 것이 유리하다는 판단으로 리모델링하여 큰 이익을 봤다.

　금세라도 붕괴될 것처럼 보이는 낡은 건물도 리모델링이 가능할지 의문이 들 수 있지만, 사전에 구조기술자를 통해 안전진단과 구조보강 도면을 받아 적절한 보강공사를 가미하면 골조의 성능을 충분히 개선할 수 있다. 오늘날 국내 리모델링 기술이 눈부시게 발전하여 일반인의 눈으로 볼 땐 리모델링을 한 것인지 신축을 한 것인지 도무지 구별하기 어려울 정도이다.

이 건물은 용도지역이 2종일반주거지역으로 대지면적 138㎡(42평)의 작은 4층짜리 상가건물이다. 필자가 이 건물을 답사했을 때 들었던 첫 느낌은 '대지가 42평에 불과한데 건물 규모가 왜 이리 클까' 하는 의구심이었다. 건축물대장을 확인해보니 건폐율이 74.3%로 층당 약 103㎡(31평)씩 올라갔고 연면적은 약 413㎡(125평)로 용적률이 무려 297.2%나 되었다. 현행 건축법을 적용해 신축하면 건폐율 59.8% 적용 시 층당 약 82㎡(25평)에 불과할 뿐만 아니라 연면적이 용적률 최대치인 200%를 적용해도 약 277㎡(84평)에 불과하다. 따라서 리모델링하면 현재의 건물 크기를 그대로 인정받아 연면적을 유지할 수 있지만, 신축하면 연면적이 대폭 줄어드는 것이다. 연면적 감소가 무려 135㎡(41평)에 달해 임대수입 손해가 막심하다.

수익형 건물의 가치는 임대수입으로 결정된다. 임대공간이 커야 임대수입이 증가하고 그에 비례하여 건물가치도 높아진다. 멋지게 리모델링된 413㎡짜리 건물이 창출하는 임대수입과 신축되었지만 277㎡에 불과한 건물에서 발생하는 임대료의 차이는 엄청나다.

구분	리모델링하는 경우	신축하는 경우
대지면적	42평	42평
건폐율	74.3%(층당 31.25평)	59.8%(층당 25평)
용적률	297.2%	199.9%
연면적(지상 층)	125평	84평
임대료	1억 6,000만 원/월세 1,200만 원	1억 3,000만 원/월세 858만 원
공사비	4억 3,000만 원(평당 344만 원)	5억 8,800만 원(평당 700만 원)
건물가치(수익률 3% 기준)	49억 6,000만 원	35억 6,000만 원

표에 나타난 임대료는 리모델링 후에 건물주가 실제로 임대한 수치이다. 임대료 단가도 리모델링과 신축을 동일하게 적용했다. 리모델링 완공시점을 기준으로 1층은 평당 19만 2,000원이고 2~4층은 평당 6만 4,000원을 적용했다. 임대료 차이가 월간 342만 원, 연간으로 따지면 4,104만 원이다. 반면 공사비에서는 큰 차이가 나지 않는다. 그 이유는 리모델링 시 계단실을 좌측에서 우측으로 옮겼고, 승강기도 신설하고, 구조보강공사도 심도 있게 처리함에 따라 리모델링비가 제법 들었던 탓이다. 신축하는 경우에는 연면적이 작아 공사비도 적게 든다.

이렇게 리모델링할 경우 건물의 가치는 얼마인지 따져보자. 이 건물의 매입비는 취득세 등을 포함해 27억 5,000만 원이었고 여기에 리모델링비 4억 3,000만 원을 더하면 31억 8,000만 원이다. 리모델링 완공 후 보증금 1억 6,000만 원에 월세가 1,200만 원이므로 완공시점인 2020년도에 서울 강북권 상가건물의 거래 가능한 임대수익률을 3%로 놓고 역산하면 건물가치가 49억 6,000만 원이다. 현행법에 맞추어 신축하는 경우 예상되는 건물가치 35억 6,000만 원과 비교하면 차이는 14억 원이다. 이처럼 리모델링의 매력은 현행 건축법상 제약조건에 얽매이지 않고 기존 건물이 건축될 당시의 조건을 인정받음으로써 경우에 따라서는 신축하는 것보다 커다란 부가가치를 창출할 수 있다는 것이다.

이번 사례는 기존의 계단실 위치를 건물 좌측 끝에서 우측 끝으로 옮겨 재설치하고 승강기를 신설하는 등 리모델링 공사 난도 중 최상급에 속한다. 계단실 위치를 변경하는 이유는 사람들이 지나갈 때 이 건물이 좀 더 부각되도록 하고 실용성을 높이기 위한 차원이었다. 말이 쉽지 건물기능의 핵심적 역할을 수행하는 코어(계단실, 승강기, 화장실이 있는 곳)를 이전한다는 것은 매우 어렵고 구조보강도 철저히 해야 하는 미션으로서, 고도의 기술력이 뒷받침되지 않고는 수행할 수 없는 난공사이다. 과연 이런 리모델링 공사가 어떻게 진행되는지 공사의 주요 과정을 사진자료와 함께 경험해보자.

먼저, 건물 내외부의 철거작업부터 공사가 시작된다. 대수선의 경우 기존 건물의 구조체인 외벽, 기둥, 보, 슬래브 등 골조는 남겨 재사용하고, 건물 내외부의 부착물들은 모두 철거해야 한다. 설계도면에 따라 건물 내부 벽면, 계단, 엘리베이터를 설치할 지점의 바닥면 등을 철거한다. 이 건물은 2020년 공사 당시 건령이 52년으로 상당히 노후한 상태라서 구조안전진단 결과에 따라 골조 구석구석에 철골과 철판으로 보강공사를 진행했다. 먼저 기존의 계단실을 소형 포크레인과 같은 앙증맞은 장비를 이용하여 조심스럽게 철거하고, 하중보강을 위해 적정 부위에 기둥 역할을 하도록 H빔을 세워준다.

노후한 보를 철판으로 감싸 보강한 후에 인장강도를 높이는 에폭시 보강을 수행했다. 상하수도관과 오수관 등 낡은 배관시설 일체를 제거하고 새것으로 설치했다. 건물이 작동하는 데 결정적 기능을 담당하는 전기와 설비시설은 준공 후 30~40년마다 교체가 필요하다.

건물의 개방감과 미관 개선 효과를 주는 커튼월을 위해 건물 전면에 통유리를 끼울 수 있도록 커다란 창을 만들고 틀(프레임)도 설치한

계단실 벽면과 계단 철거

하중보강 차원의 H빔 설치

구조보강된 보에 에폭시보강

상하수도관 등 배관 교체

벽면에 넓은 창 만들고 프레임 설치

전기 배전반 설치

외주 가공한 철제 계단 설치

계단 설치 후

계단실과 승강기

외벽에 화강석 부착

화장실 도기 설치

커튼월 유리 설치 및 천장 마감

다. 모든 낡은 전기선을 제거한 후 새롭게 전기통신설비를 설치한다.

철제로 가공해온 계단을 설치하고 건물 이용의 편의성 제고 차원으로 승강기도 설치했다. 건물의 이미지에 결정적인 영향을 미치는 외벽은 화강석으로 마감했다. 공사 최종단계에 이르러 옥상은 매끈하게 방수처리하고 화장실에 현대적인 위생도기도 설치했다. 건물 내부는 요즘 유행하는 노출천장 방식을 따라 흰색 도장으로 마감했다.

5개월여의 여정 끝에 52년 된 노후 건물은 요술램프의 신공처럼 새 건물로 재탄생했다. 공사가 끝나기 무섭게 1~2층에는 은행이 입주했고 잔여 공간도 사무실로 채워졌다. 금융회사가 입주한다는 것은 이 건물이 지역에서 상당한 위상을 차지한다는 방증이다. 이처럼 리모델링은 신축과 비교하여 장단점을 따져본 후 해당 건물의 입지와 상권에 최적화하여 실행할 경우, 건축주에게 황금알을 낳는 거위가 되기도 한다.

리모델링 전   리모델링 후

폐허 병원건물이 만실 상가빌딩으로

성북구의 한 지하철역 출입구에 가까이 있어 유동인구가 많은 곳에 자리한 이 건물은 애초에 병원 용도로 지어졌다. 특이한 점은 건물에 계단이나 엘리베이터가 없고 상하층 이동수단으로 오직 경사로만 설치된 것이다. 경사로란 층과 층 사이를 이동할 때 통로 바닥을 경사지고 매끄럽게 만들어 도보로 이동하거나 짐수레 등을 끌면서 이동하도록 만들어진 구조이다. 요즘에는 대형 마트에서 볼 수 있는데 그 경우 경사진 바닥에 무빙워크(moving walk)를 설치하여 그 위에 가만히 서 있으면 에스컬레이터처럼 자동으로 올라간다. 그러나 이 병원의 직원이나 방문객들은 무빙워크가 없는 경사로를 걸어서 이동해야 하는 불편한 구조였다. 그러다 보니 병원을 찾는 고객이 줄고 급기야 폐업에

이르러 오직 1층만 과일가게 등으로 임대함에 따라 건물주의 임대수 입은 4분의 1로 줄어들었다.

이 건물은 지하철역에서 50미터 이내의 초역세권 대로변에 입지 하여 접근성과 가시성이 우수하고, 재건축을 한다면 지상으로 8층 정 도의 빌딩을 지을 수 있는 준주거지역이었다. 1989년에 준공된 이 건 물은 대지 238㎡(72평)에 지하층이 딸린 지상 5층으로 연면적이 658㎡ (199평)이다. 8층까지 올릴 수 있는 좋은 땅이었지만 건물주는 애초에 건축비를 아끼기 위해 5층까지만 올렸던 것이다.

지금 60대 이상인 분들은 은행 빚을 내는 데 매우 부정적인 사고방 식을 가진 분들이 많다. 선대로부터 빚을 내어 사업하지 말라는 교육 을 받았기 때문이다. 혹여 대출을 받았다가 잘못되어 이자를 제때에 내지 못하면 건물이 경매로 날아갈 수 있다는 걱정으로 가득한 분들 이다. 이들의 경우 건물을 지을 때 용적률을 최대치로 활용하지 않고 오직 자신이 보유한 자금에 맞추어 건물을 낮게 짓곤 하는데, 마침 이 건물주도 그런 부류였다.

병원이 폐업하자 1층은 워낙 입지가 좋아 잡화점이나 과일가게 등 으로 임대가 잘되었는데 2층부터는 들어오려는 세입자가 없어 언제나 공실 상태였다. 엘리베이터와 계단도 부재해 층간 이동이 불편한 까 닭에 초역세권임에도 장시간 공실이 지속되었다.

공실에 대한 해법이 필요했던 건물주는 수소문 끝에 필자의 제휴 사인 리모델링 전문업체를 찾아 공사를 의뢰했다. 다음 평면도면에 서 보는 것처럼 기존에는 좌측에 경사로가 기다랗게 있고 그 뒤에 화

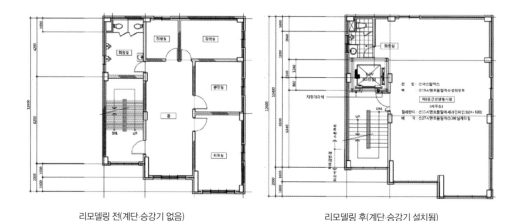

| 리모델링 전(계단·승강기 없음) | 리모델링 후(계단·승강기 설치됨) |

장실이 있었는데 공사를 하면서 경사로와 화장실을 통째로 철거했다. 이후 새로 계단실과 엘리베이터를 설치하여 통행의 편의성을 개선했고 화장실도 우리에게 익숙한 현대식으로 설치했다. 기존에는 모든 층의 내부가 여러 칸으로 나뉘어 있어서 답답했는데 칸막이를 전부 제거하여 넓게 트인 공간이 됨으로써 활용도가 개선되었다. 건물이 고가도로 밑에 있어 항상 그늘지고 어두운 상태였으므로, 이를 보완하기 위해 외관은 밝은 화강석으로 마감하고 전면에는 널찍한 유리창을 댄 커튼월 방식으로 처리하여 개방감을 극대화했다.

건축물대장에는 5층이 분명히 있었는데 실사해보니 무슨 사연이 있었는지 5층이 철거된 상태였다. 리모델링 시에는 그 건물이 애초에 축조될 당시의 상태 그대로 활용할 수 있기 때문에 공사를 하면서 철거된 공간을 되살리는 재축공사도 병행했다.

약 5개월의 공사 끝에 공실투성이였던 30년 병원건물은 새로 지은 건물과 같은 외관과 실용도 높은 내부공간을 갖추게 되었고 성능도 신축 건물과 동일한 수준으로 재탄생했다. 공사가 마무리될 시점에 멋진 외관이 드러나자 입주 문의가 빗발쳤고, 완공 후 단기간 내에 전 층이 만실을 이루었다. 또한 기존보다 훨씬 높은 임대료를 받을 수 있었다. 임대보증금 2억 원에 월세 1,200만 원 정도를 공실 없이 얻을 수 있는 튼실한 수익형 빌딩으로 탈바꿈한 것이다. 연면적 658㎡(199평)에 대한 리모델링 공사비 4억 9,700만 원을 투자한 결과이다. 리모델링된 이 건물은 앞으로 최소 30~40년은 지금의 좋은 상태를 유지할 것이다.

오랜 기간 공실로 골머리를 앓았던 건물주는 임대가 마무리되자 2018년에 건물을 39억 원에 매각하였다. 당시 토지시세가 3.3㎡(평)당 4,000만 원 선이었던 시절이라 리모델링 전이라면 본 건물은 토지가격만으로 거래되었을 것이다. 따라서 29억 원 정도에 불과했을 테지만 리모델링을 통해 39억 원에 매각하면서 자산 증식 효과를 거둔 것이다. 이 건물을 팔지 않고 지금까지 보유했다면 건물의 가치는 60억 원 정도에 달한다. 현재 빌딩 시장에서 서울 소재의 비강남권인 경우 임대수익률이 2.5% 수준이라면 우량매물로 인정받는다. 보증금 2억 원에 월세가 1,200만 원 선이라면 약 60억 원 정도 받을 수 있는 건물이다.

중소형빌딩 투자에 나서 보면 쉽게 알 수 있지만 빌딩 시장에 나온 매물은 대개 25년 이상 된 낡은 건물들이 70% 이상이다. 우리나라에서 1960년대 베이비붐 시기에 태어난 세대가 결혼적령기에 이른 1980~1990년대에 주택과 건물 수요가 폭발했다. 여기에 맞추기 위해 서울과 지방에 집중적으로 건축물이 공급되었다. 따라서 우리 주변의 웬만한 건물들은 지은 지 25년이 넘었다. 이런 건물 중 입지와 가격이 적당한 물건을 매입하여 꼼꼼한 입지분석을 거치고, 상권에 최적화된 층간 공간구성을 가미한 리모델링을 통해 완전히 새로운 건물로 재탄생시키면, 임대수입 증가는 물론 건물가치 상승으로 영리한 재테크가 되는 것이다.

건물 외벽에 엘리베이터를 덧대어 설치한 사례

서울에서 지하철 2호선과 3호선이 교차하는 '교대역상권'은 강남 3구에서도 손꼽히는 상권으로 통한다. 상권이 지속적으로 흥하려면 대학생을 비롯한 젊은 층의 호응이 중요한데 이들의 상권 충성도는 그리 높지 않다는 게 문제이다. 젊은 층의 SNS 홍보 덕에 불꽃처럼 일어난 유행상권은 한동안 융성하지만 대안이 출현하면 그들의 발길은 이내 잦아든다. 그 결과 버림받은 상권은 쇠락의 길을 걷게 된다. 1980~1990년대를 풍미했던 압구정로데오나 이대상권이 해가 지지 않는 최고의 상권으로 유명세를 떨치다가, 2000년대 들어 가로수길과 홍대상권으로 패권이 넘어간 후 지금껏 활기를 되찾기 어려운 것도 이런 이유일 것이다.

| 리모델링 전 출입구(좌측) | 승강기를 덧댄 후 출입구 모습 |

그러나 젊은 층뿐 아니라 일반 직장인들의 발길이 끊이지 않는 곳은 유행을 타지 않고 불경기에도 꿋꿋하게 버틴다. 이런 상권의 특징은 인프라가 잘 갖춰져 있는 직주근접지역으로서 주요 지하철 노선이 지나는 환승역이라 할 수 있는데 교대역상권이 바로 그런 곳이다. 이 상권은 지하철 2호선 교대역을 기점으로 북서쪽에는 서울중앙지방법원을 중심으로 한 법조타운으로 유명하고, 남동쪽으로는 서울교대 캠퍼스가 있고 그 이면에는 주거시설과 상업시설이 혼재되어 있으며, 남서쪽은 교대역상권의 랜드마크 격인 곱창식당가를 중심으로 거의 전 지역에 먹자상권이 포진하고 있다.

이번 사례는 교대역 대로변에 입지한 상가건물이다. 용도지역은 재건축할 경우 10층 이상도 올릴 수 있는 일반상업지역으로서 대지 면적은 331㎡(100평)로, 중소형 상가빌딩을 짓기에 적당한 크기이다. 1990년에 축조된 이 건물은 지하층이 딸린 지상 5층 건물로 연면적은 677㎡(205평)이고 건폐율은 36.7%라 층당 건물이 차지하는 면적은 다소 작은 편이다. 뒤편에 공간을 남겨 주차장으로 만들기 위해 법정 허용치인 50%보다 적게 이용한 것이다. 하지만 층당 이용 가능한 면적이 37평 정도이므로 병의원을 유치하기에는 적당한 크기이다.

문제는 더블역세권에 입지한 상가건물인데도 승강기가 없어 이용이 불편하여 임대수입이 적었다. 지상 5층 건물인데 임차인들이나 고객들이 상층부로 걸어서 올라가야 하는 수고를 감안하여 3층부터 4층과 5층의 임대료는 올라갈수록 적어지기 마련이다. 이런 단점을 보완하기 위해 건물주는 리모델링하면서 승강기를 설치하기로 했다.

이번 리모델링의 포인트는 승강기를 건물 내부공간 일부를 도려내어 설치한 것이 아니고, 공지를 활용하여 그곳에 승강기가 오르내리는 통로인 관로를 설치한 것이다. 승강기를 설치하는 방법에는 화장실 자리나 건물 내부 전용면적 중 일부를 할애하여 관로를 설치하는 것이 일반적인데, 마침 이 건물은 후면 출입문 앞에 관로를 덧대어 설치할 만한 여유공간이 있어 그곳을 활용했다.

참고로 12인승 이상이 탑승할 수 있는 승강기를 설치하면, 장애인도 이용할 수 있는 승강기로 인정받아 용적률과 건폐율 산정 시에 혜택을 주는 제도가 있다. 즉, 용적률이나 건폐율이 법정 허용치에 꽉 차 있다 하더라도 장애인 승강기를 설치하면 용적률과 건폐율에서 공제해주는 것이다. 또한 건물 외부에 관로를 덧대어 설치공사를 진행함으로써 공사비가 다소 절감되는 이점도 누렸다. 만일 건물 내부에 설치하는 경우 철골 등을 이용하여 구조보강공사를 해야 하는데 이번 사례에서는 그 비용을 절감할 수 있었다.

리모델링 후의 건물 사진에서 보이듯 승강기 관로의 외벽은 검정톤의 현무암으로 마감하여 중후함을 더했고, 건물 외벽은 밝은 화강석으로 마감하여 컬러 조화를 잘 이뤘다. 건물 내부와 계단실 및 화장실도 전체적으로 현대적 감각의 상가건물에 맞게 새롭게 단장했다. 옥상의 한편에는 정원을 조성하여 임차인들이 머리를 식힐 공간으로 이용하도록 배려했다. 건물주의 섬세한 배려는 임차인들의 거주만족도를 높여주어 공실 걱정이 자연스럽게 사라지는 효과가 있다. 리모델링을 통해 미관 개선과 활용도를 높이자 임대수입이 대폭 증가했다. 이러한 신선한 방식으로 승강기를 설치하면 주변의 건물주들에게 파급되어 선한 영향력을 끼칠 수 있다.

상가건물이 첨단 사옥용 빌딩으로

리모델링의 경우 최대 장점으로 시간과 비용을 절반으로 줄일 수 있고, 신축에 준하는 건물기능 회복과 미관 개선 등 긍정적 효과를 얻을 수 있기에 법인들도 신축 대신 노후 빌딩을 매입하여 사옥 용도로 리모델링하는 사례가 이어지고 있다. 이번에 그중 하나를 소개한다.

건물주가 외관 노출을 꺼리는 터라 건물 사진은 생략하고 내부 사진 자료만 게재하니 양해하기 바란다.

강남구 이면지역에 위치한 이 건물은 1991년에 준공된 지하 3층이 딸린 6층 상가건물이다. 용도지역이 2종일반주거지역이고 대지면적은 687.1㎡(207.8평), 연면적 2,997.95㎡(906.8평)로 작지 않아 중견기업의 사옥 용도로 사용하기에 알맞은 규모이다.

건물이 지어질 당시인 1990년대에는 용적률을 여유롭게 허용했던 건축법규 덕분에 2종일반주거지역임에도 불구하고 238.59%까지 지을 수 있었다. 건물을 허물고 현행 법규를 적용하여 새 건물을 짓는다면 용적률 최대치가 200%에 불과하므로 현재보다 한 층이 낮아져 불리하다. 하지만 리모델링은 과거 해당 건물이 축조될 당시의 법규를 그대로 존중해주므로 기존 용적률 238.59%를 고스란히 유지할 수 있기 때문에 신축보다 유리하고 건축비도 대폭 절감할 수 있다. 따라서 건물주가 리모델링을 선택한 것이다.

건물주가 공사 규모를 어느 수준으로 고려하고 어떤 품질의 자재로 건물 안팎을 마감하느냐에 따라 리모델링 공사비용과 난이도가 각양각색이지만, 이번 사례는 최고난도에 속할 정도로 난공사였다. 필자의 제휴사가 심혈을 기울여 수행한 이 공사의 과정을 살펴보자. 먼저 기둥과 보, 슬래브, 외벽 및 계단실 등 건물의 하중을 지탱하는 주요 구조부인 뼈대만 남겨두고 잔여 부착물들을 모두 철거했다. 강화된 건축법 규정에 맞추기 위해 지하 3층부터 지하 1층까지는 내진설계 및 구조보강 차원으로 철골기둥을 촘촘히 설치했다. 지하 2층과 지

로비 조성을 위해 1~2층 일부를 튼 상태   미술관 같은 분위기의 로비로 탄생

하 3층에 설치된 기존의 기계식 주차장은 중소형 자동차만 수용 가능하여 이용이 제한적이었던 것을 이 기회에 상당한 비용을 들여 SUV 차량도 수용할 수 있는 대형 주차시설로 교체했다. 발전실과 기계실의 모든 장비는 물론 엘리베이터와 상하수도관 및 전선도 모두 새것으로 교체했다.

이번 리모델링의 가장 큰 특징은 1층 천장의 절반 정도를 터서 개방감 있는 로비를 만들었다는 점이다. 1층 천장 일부를 철거함에 따라 구조변경에 대한 보완책으로 구조보강에 만전을 기했다. 난도 높은 공사를 마친 지금 외부에서 이 건물 안으로 들어서면 탁 트인 로비를 마주할 수 있다. 1층부터 2층까지 거침없이 올라간 높다란 천장에는 피카소 작품을 연상시키는 예쁜 조형물이 설치되어 은은한 조명을 받아 미술관 같은 분위기를 자아낸다.

로비 한편에는 회사 직원의 미팅을 기다리는 고객들이 차와 음료를 즐길 수 있도록 미니바가 설치되어 로비 전체가 캐주얼 카페 같은

1층 한편의 미니바

1층 로비의 대기실

사무실 내부

분위기이다. 외부 고객들은 1층 로비에서 대기하다가 담당자와 로비에서 만나 지하 1층으로 내려간다. 지하 1층 전체가 크고 작은 회의실로 꾸며져 있어 모든 사내 회의와 고객들과의 미팅이 이곳에서 이루어지도록 한다. 건물 2층 이상은 외부인의 접근을 막아 오직 업무공간으로만 기능하도록 동선을 조정했다.

건물 외벽은 중견회사 사옥에 어울리는 중후한 검정 톤의 자재로 마감했고 건물 정면은 단열성능이 뛰어난 3중 로이유리를 채택하여 커튼월로 처리했다. 사무실 내부는 요즘 유행하는 노출천장 형태로 마감했다. 이에 따라 천장에는 보와 시스템에어컨, 설비배관이 훤히 드러나 있지만 깔끔하게 흰색 페인트칠로 마감되어 모던한 사무실로 변했다.

　약 5개월 동안의 공사기간을 거쳐 낡은 상가건물은 번듯한 현대적 외관을 갖춘 중후한 사옥으로 다시 태어났다. 전면적인 구조보강과 기계식 주차장을 비롯한 일체의 설비 교체를 포함하여 대수선에 소요된 공사비는 평당 420만 원 정도 들었다. 만일 이 건물을 2022년에 신축했다면 건자재가격 폭등 영향으로 비용이 평당 900만 원 정도 들었을 것이다. 따라서 신축 대신 리모델링을 함으로써 비용을 절감할 수 있었을 뿐만 아니라 공사기간도 절반으로 줄이고, 신축 시 거쳐야 하는 전면 철거와 토지 굴착에 따른 심각한 민원 문제도 발생하지 않은 채 모든 공정을 원만하게 처리할 수 있어 가성비가 훌륭했다. 이처럼 리모델링은 공사 난도가 최상급이라 하더라도 시공에 문제가 없다는 것과 신축에 비해 상당히 다양한 장점이 있다는 것을 확인할 수 있다.

유명상권
리모델링 탐방

연트럴파크

서울지역 핫플레이스 중 하나로 떠오른 연트럴파크는 여타 유명상권과 확실하게 차별화된다. 하나의 거리나 일정지역을 기반으로 골목마다 음식점과 카페, 주점 등으로 가득한 다른 유명상권들과 달리 연트럴파크는 가로공원을 중심으로 발달했다. 2005년부터 지하화를 시작한 경의선 총 6.3킬로미터의 철길을 걷어낸 자리에 서울시가 숲길을 조성하고 시민들을 위한 휴게공간을 마련하여 2012년부터 2016년까지 순차적으로 개장했다. 이 구간 중 홍대입구역부터 가좌역 사이의 숲길이 2015년에 개장되었고 여기가 연트럴파크라 불린다.

개장 초기에는 높은 임대료를 견디지 못하고 홍대상권에서 밀려난 소상공인들이 연남동으로 이전해 하나둘씩 둥지를 틀면서 상권이 형성되었다. 1970~1980년대 생활양식을 엿볼 수 있는 빈티지한 가구와 소품들로 장식한 음식점과 카페가 들어서자 시끌벅적한 홍대상권에 식상한 사람들이 몰리면서 SNS를 타고 순식간에 핫플레이스로 떠올랐다. 대한민국 최고상권으로 군림하는 홍대상권에 인접해 있으면서 다른 상권에는 없는 숲길과 빈티지 감성을 가지고 뉴트로 상권의 선두주자로 입지를 다지고 있다. 4부 초반에 사진으로 소개한 것처럼 다음 5개 건물은 연트럴파크가 들어서기 전에는 우리 주변에서 쉽게 찾아볼 수 있는 흔한 다가구주택이나 상가주택의 모습이었다.

그런데 철길을 숲길로 변신시키는 공원조성공사가 진행될 때 대박을 예감한 건물주들이 호재가 실현될 시점에 맞추어 리모델링을 시작했다. 왼쪽에서 첫 번째 상가주택이 시동을 걸었다. 1991년에 준공된 이 상가주택은 대지가 42평으로 크지 않은 면적임에도 불구하고 꽤

연남파출소 옆에 줄지어 있는 리모델링 전 5개 건물에 순서대로 1~5번까지 번호를 붙여보았다.

규모가 큰 건물처럼 보인다. 건물주는 2015년도에 리모델링을 추진했다. 지하층부터 2층까지는 상업시설로, 3층과 4층은 원룸과 주택으로 꾸몄다. 외벽은 컬러벽돌로 마감했고 건물의 오른쪽에 있는 계단실의 외벽은 징크로 마감하여 디자인적 포인트를 두었다. 빈티지 감성을 살리기 위해 계단은 기존 것을 그대로 살렸다. 일반적인 리모델링의 경우 보통 계단실도 기존의 것이 보이지 않도록 덮거나 교체하지만 신흥상권은 뉴트로가 대세인 만큼 낡은 것의 매력을 살려 공사비는 아끼고 감성은 높인 것이다. 1층과 2층의 상가는 세입자가 상권에 어울리게 MZ세대에 어필하도록 내외관을 꾸몄다.

첫 번째 집이 리모델링을 하자 바로 옆인 2번 건물주는 이듬해인

리모델링 전의 붉은 벽돌 상가주택

세련된 외관의 상가주택으로 변신

2016년 리모델링에 들어갔다. 1990년에 준공된 이 건물은 반지하가 딸린 2층 건물로 기존의 건물구조가 벽돌을 쌓아 올린 연와조라서 증축을 겸한 리모델링으로 인해 증가된 하중을 견딜 수 없었다. 구조안전진단을 실시했고 그 결과에 따라 제시된 구조보강 도면에 지시된 대로 전체적으로 철골기둥과 철골보를 촘촘히 설치함으로써 구조 문제를 말끔히 해결하고 3층을 증축했다.

첫 번째 건물과 달리 이 건물은 지하층부터 3층까지 전체를 통상가로 용도 변경했다. 사진에서 보는 것처럼 외형은 다가구주택 형상을 띠지만 실제는 예쁜 카페건물로 변신한 것이다. 거리를 걷다보면 이 건물이 유독 눈에 들어온다. 저층이지만 유행에 맞는 건물 안팎의 인테리어와 컬러 매치를 통해 공원 숲길과 잘 어울리는 카페가 되었기 때문이다.

리모델링 전의 볼품없는 다가구주택

연트럴파크에서 돋보이는 통상가로 변신

이 상가의 리모델링 포인트는 군청색의 창문과 흰색의 조화이다. 전면의 창문은 단순한 커튼월이 아닌 세로로 긴 창을 다수 설치했고 서로 다른 창으로 마감하여 전체적으로 상가건물로서 특색 있게 꾸몄다. 외벽은 벽돌로 치장한 후 흰색 페인트칠로 마감하여 공사비를 절약하되 감성은 살렸다. 건물 좌우편에 철골조 계단을 설치하고 난간 페인팅 컬러도 군청색으로 잘 매치했다. 2층 전면은 흰색, 노랑색, 핑크색이 환상적인 조화를 보여준다.

세 번째 건물은 약식 리모델링의 끝판왕이다. 즉, 비용은 최소로 들였지만 효과는 최대로 거둔 사례이다. 1990년에 준공된 이 건물은 숲길 개장에 맞춰 2016년에 리모델링했다. 비용 절약 차원에서 외벽은 기존의 붉은 벽돌 마감을 그대로 살렸다. 다만, 전면을 노랑색 페

을씨년스럽던 리모델링 전 모습

눈에 확 띄는 지금의 모습

인팅으로 마감하고 창호는 군청색으로 교체했다. 거리를 두고 이 건물을 보면 노란색과 군청색 창문, 측면 붉은 벽돌의 컬러 조합이 눈에 들어와 5개 건물 중에서 시선을 확 끈다. 눈길을 사로잡는다는 것은 그만큼 돋보인다는 뜻이니 저비용으로 외관 조성에 성공했다는 뜻이다. 외관에 들이는 공사비는 아끼되 내부는 전체적으로 상가로 조성하는 데 신경을 썼다.

네 번째 건물은 1989년에 준공된 상가주택으로서 2016년에 리모델링했다. 기존의 붉은 벽돌 외벽은 유지하되 창문을 통상가에 맞도록 키우고 군청색 프레임을 설치했다는 것이다. 5층은 증축하면서 외벽을 징크로 마감하여 건물이 전체적으로 빈티지와 현대적 요소를 두

리모델링 전의 4층 상가주택

층별로 다양한 모습을 갖춘 현재

루 갖춘 느낌을 풍긴다. 이 건물 역시 외벽 마감에서 가성비를 추구하여 공사비를 줄였고, 임차인들이 전면을 예쁘게 장식하면서 건물주가 본래 의도했던 외관보다 더 멋진 모습을 띠고 있다.

다섯 번째 건물은 1985년에 준공되어 다섯 건물 중 가장 오래되었다. 이 건물은 2019년에 증축을 겸한 리모델링을 했다. 증축으로 인한 하중 증가를 견디기 위해 1층부터 3층까지 전체적으로 철골기둥과 철골보를 촘촘히 설치했다. 이용의 편의를 위해 승강기도 신설했다. 이 건물 역시 기존의 주택 부분을 모두 상가로 용도 변경했다. 1층은 초콜릿 컬러로 외관을 장식했고, 2~3층은 노출콘크리트로, 증축된 4층은 커튼월로 마감하여 4층에서 숲길을 내려다볼 때 탁 트인 조망을 누릴 수 있도록 했다.

리모델링 전의 밋밋한 3층 건물

다채로운 외관의 현재 모습

이렇게 연트럴파크를 걷다 보면, 과거에는 눈에 잘 띄는 곳에 입지했지만 볼품없었던 5개 건물이, 지금은 오가는 시민들에게 볼거리와 먹거리, 즐길 거리를 제공하는 힙한 상가건물로 재탄생했다. 이것이 우리나라 리모델링의 미래임을 시사하는 듯하다.

가로수길

가로수길은 서울지역 5대 유명상권 중 하나로 꼽히는 젊은 상권이다. 지하철 3호선 신사역 8번 출구에서 250미터 걷다가 좌회전하면 가로수길이 시작된다. 여기부터 대로와 만날 때까지 직선으로 670미터에 이르는 길이다.

과거에는 이 거리에 그림을 파는 화랑들도 많았으나 2010년경부터 이 지역이 핫플레이스로 부상하면서 둥지 내몰림으로 인해 삼각지와 홍대 쪽으로 이동했다고 한다. 2차선 도로변에 다양한 점포들이 몰려 있고, 외산 자동차 매장들과 더불어 국내 최초의 애플 공식 플래그십 스토어가 이곳에 오픈한 이후로 주목도가 한층 더 높아졌다.

신사역 방향에서 볼 때 가로수길 좌측으로 평행한 이면도로가 세로수길로 통하고, 상권이 더욱 확장되면서 가로수길 우측으로 평행한 이면도로 중 첫 번째 길은 '나로수길', 두 번째 길은 '다로수길'로 통한다.

2010년 서울에서 가장 핫한 상권으로 가로수길이 급부상하면서 이면도로변의 상가주택이나 다가구주택들은 일제히 리모델링에 나섰

다. 이 지역의 새 건물 중 70%는 리모델링된 건물이라 보면 맞을 정
도로 리모델링이 많이 보급되었다. 책에서는 가로수길 이면의 여러
리모델링 사례 중 3건만 소개한다.

첫 번째 사례는 세로수길 삼거리 코너에 있는 다가구주택이다. 사
진에서 보듯 붉은 벽돌로 마감된 전형적인 1980~1990년대 양식으로
지어진 건물이다. 1990년에 준공되었고 2종일반주거지역의 대지 59
평 지상에 반지하층이 딸린 3층 건물이다. 가로수길이 핫플레이스로
한창 부각되던 2010년에 리모델링되었다. 말이 반지하층이지 거리를
지나다 보면 1층처럼 보인다.

이게 가능한 이유는 건축허가시점에 지표면에서 지하로 절반 이상
이 들어가 있으면 지하층으로 인정되는데 그 점을 잘 이용한 것이다.
이런 사례는 서울에서도 얼마든지 찾아볼 수 있다. 반지하층이지만

| 리모델링 전의 적벽돌 다가구주택 | 유명상권에 어울리는 현재 모습 |

건축물대장에는 지하층으로 표기된다. 지하층 면적은 용적률에는 포함이 안 되지만 실제 사용 시에는 1층으로 임대할 수 있으니 건물주의 임대수입 측면에서 더없이 좋다.

리모델링하면서 지층과 1층은 상가로, 2~3층은 주택으로 새롭게 단장했다. 저층부는 검은색 대리석으로 마감했고, 상층부는 따뜻한 느낌의 미색 대리석으로 장식하여 귀티가 난다. 창문은 유럽풍 느낌이 나도록 디자인하여 전체적으로 잘 어울리는 상가주택이 되었다.

두 번째 사례 역시 다가구주택인데, 이 건물은 주택 부분을 남기지 않고 전체를 근린생활시설로 리모델링한 상가건물이다. 2종일반주거지역으로 대지 66평이고 1991년 준공된 지하 1층, 지상 3층 건물이다. 세로수길에서 살짝 들어간 곳에 입지하여 노출성이 다소 약한 점을 보완하고자 2013년에 리모델링하면서 건물 전면을 개방감 좋은 널

리모델링 전 평범한 다가구주택

통유리 커튼월로 장식한 현재 모습

따란 통유리 커튼월로 장식했다. 컬러 조합은 검은색과 흰색이다. 이 조합은 인류가 존재하는 한 영원히 통하는 질리지 않는 컬러 조합이라 생각한다. 거리를 걷다가 고개를 돌려 이 건물을 보면 멋진 외관으로 눈길을 사로잡는다.

　다음 사진은 세로수길 사거리 코너에 위치한 대지 147평의 규모가 있는 상가주택이다. 1990년 준공된 지하 2층에 지상 5층의 이 건물은 2013년에 리모델링하면서 3층까지는 근린생활시설로, 4~5층은 주택으로 재단장했다. 외관은 중후한 느낌을 주는 현무암으로 마감하고 좌측면은 검은색 징크로 포인트를 주어 가로수 상권에서 무게감을 자랑한다. 입지와 건물 규모에 걸맞게 스타벅스가 입주해 있어 품격을 더한다. 스타벅스처럼 대중적인 인지도가 높은 프랜차이즈업체가 입주하면 자연스럽게 건물가치가 올라간다. 그 건물이 산출하는 임대료

리모델링 전의 평범한 모습

중후한 느낌의 규모 있는 현재 모습

의 액수가 중요하다기보다는 이러한 업체가 입주했다는 것 자체만으로도 매매 여부를 떠나 빌딩시장에서는 유리한 위치에 서게 되고 타 빌딩주들의 부러움을 산다.

홍대상권

홍대상권은 국내 유명상권 중 으뜸이다. 먼저 상권 규모부터 타의 추종을 불허한다. 홍대입구역부터 시작하여 남서쪽으로 합정역, 남쪽으로 상수역까지 연결되어 있다. 거리 특색도 다양하다. 걷고 싶은 거리를 비롯하여 패션거리, 예술의 거리, 클럽거리 등 거리의 특색에 맞게 이름을 붙였다. 관광객들의 필수코스 중에서도 단연 첫손가락에 든다. 대학생을 비롯한 MZ세대가 북적이고 주중, 주말 할 것 없이 버스킹 공연이 펼쳐진다. 쇼핑, 관광, 예술, 유흥을 한꺼번에 해결할 수 있는 핫플레이스이다. 내국인과 외국인 가릴 것 없이 선호도가 높고, 즐길 거리의 다양성 측면에서 국내 최고상권이라 부르기에 손색이 없다.

이렇게 상권 규모는 초대형이지만 리모델링 측면으로 볼 때 아직은 큰 진전을 이루지 못한 듯하다. 홍대상권 리모델링의 특징을 규정하자면, 대수선급 리모델링 사례도 간혹 찾아볼 수는 있지만, 건물 전면은 예쁘게 꾸미되 잘 안 보이는 곳은 손대지 않거나 시늉만 내는 '약식 리모델링'이 대세라 할 수 있다. 내버려둬도 사람들이 알아서 찾

아오는데 군이 돈을 많이 들일 필요가 있냐고 생각하는 듯하다. 다음
세 가지 사례를 소개한다.

평범한 상가주택이 유명 카페로 변신

다음 사진에서 보듯 기존 건물은 화강석으로 외장을 두른 평범한
상가주택이었다. 홍대 메인상권에서 한 발짝 벗어난 곳에 있어 흡인
력 증진을 위해 뭔가 확실한 한 방이 필요한 지역이다. 건물주는 이
점에 주안점을 두어 리모델링을 통해 강력한 명소로 만들었다.

2종일반주거지역에 대지면적이 75평이고 1997년에 준공된 지하
가 딸린 5층 건물이었다. 3층까지는 상가이고 4~5층은 주택이었던
것을 2018년에 전체를 카페로 리모델링했다. 이 건물의 콘셉트는 해

리모델링 전의 평범한 상가주택

유럽풍 양식의 카페로 재탄생

리포터 시리즈에 나오는 중세시대 유럽의 호그와트 마법학교인데 외관은 마법학교의 으스스함 대신 포근하고 세련되고 화려하다. 온화한 노랑 톤의 컬러벽돌로 외장을 마감하고 군데군데 성처럼 아치형 창문을 달았다. 사전에 기획한 대로 전체를 카페로 꾸며 남녀노소가 함께 찾는 공간이 된 것이다. 건물 내외부에 포토존을 설치하여 방문객들이 올린 사진이 SNS를 타고 명소가 되었다.

최상급 입지의 꼬마빌딩, 가성비 살려 통상가로 변신

홍대입구역 9번 출구에서 걷고 싶은 거리로 진입하면 처음 만나는 삼거리 코너의 건물이다. 3종일반주거지역에 대지가 33평에 불과하다. 1989년에 준공된 지하 1층에 지상 4층 건물이다. 워낙 입지가 좋

붉은 벽돌로 마감된 상가건물

작은 거인 같은 현재 모습

다 보니 굳이 큰돈을 들이지 않아도 되는 곳에 자리 잡았다. 이번 리모델링의 주안점은 전면을 화려하고 상가 느낌이 충만하게 코디하는 것이었다. 상가로서 가장 효과적인 방법은 창을 개방감 있게 널찍하게 만드는 것이다. 창틀을 세로로 길게 디자인함으로써 차별점을 두었다. 유리 색상도 어두운 톤을 채택하여 징크 외관과 잘 어울린다. 1층은 어느 업종이든 자유롭게 유치하되 2~4층까지는 카페로 통임대하는 콘셉트로 공사를 진행했다.

가성비 특급의 스타코로 외관을 바꿔 사옥으로 임대

홍대 정문을 나와 우회전하여 조금 가다 보면 우측에 있는 건물이다. 2종일반주거지역에 대지면적이 52평이다. 1994년에 준공된 지하 1층 지상 5층 건물을 2023년에 리모델링했다. 리모델링 콘셉트는 전체를 사옥으로 조성하여 한 회사에 임대하는 것이다. 층마다 다른 임차인에게 임대하는 경우 건물주로서는 다소 성가시다. 대신 한 업체에 임대하면 관리가 쉽고 청소를 비롯한 건물관리를 알아서 해준다. 이처럼 리모델링을 할 때에는 콘셉트가 중요하다. 입지분석에 따라 무슨 용도로 리모델링할지를 정하고 공사에 임해야 한다.

다음 사진에서 보듯 리모델링 전에는 건물 형태가 기형적이어서 업무용으로 효율적으로 이용하기가 어려운 구조였다. 이에 건물 외형을 정상적인 직사각형 모습으로 만들기 위해 수직으로 폈다. 내력벽을 해체하고 튼튼하게 구조보강을 했다. 외관은 가성비 좋은 스타코

| 기형적 외관의 건물 | 사옥에 어울리는 현재 모습 |

로 말끔하게 단장하고 용적률과 건폐율에 혜택이 있는 장애인 승강기
도 설치했다. 이제 사옥으로 임대하면 미션 완성이다.

성수동 카페거리

성수동 카페거리는 요즘 신세대들이 자주 찾는 힙한 동네다. 성수
역 3번 출구를 나오면 바로 성수동 카페거리가 시작된다. 이 지역의
랜드마크는 대림창고카페라 할 수 있다. 대림창고카페를 기점으로 서
쪽 약 620미터에 이르는 골목을 따라 카페거리가 조성되어 있다. 크

고 작은 창고형 카페를 비롯해서 디올카페, 각종 팝업스토어 등 젊은 이들이 즐길 거리가 넘친다. 이곳은 이웃한 건대상권과 시너지를 발휘하며 2020년대 서울에서 가장 핫한 상권 중 하나이다.

성수동 카페거리의 리모델링 특징을 한마디로 요약하자면, '낡은 것이 좋은 것'이라는 빈티지라 할 수 있다. 2010년경부터 불어닥친 복고풍 트렌드에 걸맞게 건물 외관은 낡은 옛 모습을 그대로 유지하는 것이 대세이다. 또 다른 유명상권인 연트럴파크와 비교하면 연트럴파크는 신축 건물처럼 보이도록 대수선하는 것을 기본으로 하되 내부 시설이나 소품을 빈티지하게 꾸미는 데 반해, 성수동 카페거리는 안팎으로 빈티지 일색이라고 말할 수 있다.

이 지역은 준공업지역이다. 다른 유명상권의 경우 대로변은 일반 상업지역이나 준주거지역이고 안쪽지역은 3종일반주거지역 내지 2종 일반주거지역이므로 공장이나 창고건물을 찾아볼 수 없다. 이런 시설 들은 서울의 경우 준공업지역에 포진하고 있다. 따라서 성수동은 때 마침 불어닥친 빈티지 트렌드를 살리기에 최적화된 공장이나 창고들 이 즐비하다 보니 큰돈 들이지 않고 빈티지 느낌을 살려 카페나 음식 점 등으로 꾸밀 수 있는 것이다.

창고형 카페의 대표주자 격인 대림창고카페는 준공업지역 대지 514평 지상에 1972년에 준공된 창고 3개 동 내부를 카페로 개조한 것 이다. 외관은 붉은 벽돌 마감 상태 그대로를 유지하고 있지만, 내부로 들어가 위를 올려다보면 높다란 천장과 서까래가 훤히 노출되어 있 다. 군데군데 설치된 예술적 조형물과 바닥, 벽면, 테이블 등이 빈티지

창고 3개 동으로 이루어진 창고형 카페

한 느낌으로 충만하다. SNS에도 카페 내부 사진들이 넘쳐난다.

성수동 카페거리는 사람들이 알아서 찾아오는 핫플이다 보니 건물 주들도 영악해졌다. 낡은 것이 좋게 보인다는 빈티지가 대세인 만큼 건물 외관 꾸미는 비용을 최소한으로 들여도 되는 것이다. 즉, 이 지역은 약식 리모델링이 주를 이룬다. 웬만하면 낡은 상태를 방치하는 게 대부분이고, 기껏해야 페인팅으로 낡은 부분을 가리는 정도에 그친다. 조금 더 돈을 들인 것이라고 해봐야 드라이비트이다. 계단실이나 복도 등 내부는 거의 손을 대지 않는다. 빈티지 느낌을 살리기 위함이자 가성비 추구의 결과이다.

다음 사진에 나온 건물들은 약식 리모델링 사례이다. 첫 번째는 흰색과 붉은색으로 페인팅을 했고 1층은 임차인이 알아서 치장했다. 두 번째는 건물 전면에 철제 구조물을 덧댔는데, 녹이 잘 슬도록 처리된 철판으로 장식했다. 세 번째는 기존 건물의 외관은 유지하되 1층만 부분 철거하여 마무리가 덜 된 느낌을 살렸다. 허접한 공장처럼 보이는 외관이지만 안쪽에는 근사한 매장들이 있다. 네 번째는 빈티지를 연출하기 위하여 기존 외벽 중 1층의 타일만 남겨두고 2~3층의 타일은 뜯어낸 후 아무런 마감을 하지 않은 채 놔두고 있어 특이한 맛

①외벽을 페인팅으로 마감

②녹슨(rust) 느낌의 철제 마감

③1층 외관을 철거된 상태로 유지

④2-3층 외벽 타일을 제거한 상태

이 난다.

이 지역에도 드물지만 대수선 사례가 있어 소개한다. 준공업지역에 대지 330㎡(100평), 연면적 1,041㎡(315평)이다. 1988년에 준공된 이 건물은 지하층이 딸린 지상 5층이다. 애초에는 4층 건물이었지만 5층을 경량철골조로 증축했다. 업무용 건물로 사용하기 위해 2009년에 내외관을 대수선했다.

다음 사례의 특징은 건물의 외관을 노출콘크리트로 마감했다는 것이다. 노출콘크리트는 거푸집을 떼어낸 상태 그대로를 유지하는 외관 마감 방식이다. 대개는 거푸집을 뗀 후에 벽돌이나 석재 또는 메탈 패널 등으로 마감하는 것이 일반적이지만, 색다른 품위를 부여하고자 노출 방식을 쓰는 것이다. 그런데 이 방식에는 단점이 있다. 건물 관리에 신경을 더 써야 하는 것이다. 콘크리트가 노출되어 있기 때문에 비가 오면 빗물이 콘크리트 속으로 스펀지처럼 스며든다. 따라서 건물 하중이 늘어나 골조에 부담을 준다. 이를 피하기 위해 3~5년마다 외벽에 발수제를 분사해줘야 한다. 그러면 비가 내려도 스며들지 않고 흘러내려 빗물 자국이 생기지 않고 하중부담도 없게 될 것이다.

우측 사진에서 확인할 수 있듯 건물 상층부의 외벽 여기저기에 수직으로 생긴 빗물 자국이 보인다. 좀 성가시지만 외벽 청소업체에 의뢰하여 청소를 깔끔히 하고 나서 발수제를 주기적으로 분사한다면 언제나 멋진 모습을 갖출 수 있다.

2020년대는 MZ세대가 꽂힌 빈티지가 대세이지만, 유행도 유통기한이 있기 마련이다. 새것이 장기간 유행을 이끌다가 그것이 식상해

리모델링 전   노출 콘크리트로 마감

지자 반작용으로 튀어나온 게 빈티지이다. 낡은 것이 지금은 신선하게 다가올 수 있으나 유행이 바뀌면 그에 맞추느라 또 돈이 든다. 유행상권에 있는 건물주들이야 대세를 따라야 하겠지만, 일반상권의 건물주들은 이왕 리모델링하는 김에 제대로 하는 것을 추천한다. 한 번으로 끝내야 30~40년을 버틸 수 있다. 약식으로 했다가 유행이 바뀌면 또 공사를 해야 하니 돈이 이중으로 들 수 있다.

리모델링을 성공적으로 수행한 이후엔 안정적인 임대수입을 담보할 수 있는 건물관리가 반드시 요구된다. 공실 방지를 비롯한 건물관리 전반에 대하여 짚어본다.

5부

공실 증가에
대응하는 건물관리

꼬마빌딩 임대의
승패를 결정하는
요소

　공실 걱정을 안 하려면 방법은 여러 말 할 것 없이 둘 중 하나이다. 건물 내외부의 소소한 디테일을 강화하고 잘 관리하거나, 그게 피곤하면 현재의 허접한 상태를 유지하면서 저렴하게 임대하는 것이다. 직장인과 자영업자의 영원한 꿈은 뭐니 뭐니 해도 빌딩주일 것이다. 크든 작든 내 빌딩 하나 갖는 게 로망 아닌가. 그런데 빌딩주들 중에는 이런 푸념을 하는 사람도 있다. "내가 전생에 뭔 죄를 지었기에 이렇게 힘든 임대인이 되었단 말인가!" 복에 겨운 하소연이라 치부할 수 있겠지만, 공실 걱정 없이 언제나 행복만 가득한 빌딩주는 거의 없는 것도 사실이다. 불경기로 임대료가 밀리거나 공실이 발생하는 것은 어찌 보면 불가항력일 수 있다. 공실이 20%쯤은 늘 있을 수 있다고 생각한다면 속이 편할 텐데 그게 쉽지 않다. 이왕 건물주가 된 이상 다음 사안에 대하여 주의 깊게 챙기고 관리하면, 공실 걱정은 내려

놓아도 좋을 것이다.

첫째, 디테일에 강해야 한다. 명품과 평품의 차이는 디테일이라 하지 않는가. 명품 옷은 보이는 디테일 하나하나가 환상적이지만, 옷을 뒤집어 안쪽을 보아도 재단선이 매끄럽고 바느질도 정교하다. 안 보이는 곳이라고 대충 넘어가지 않는다. 지퍼의 품질과 메탈 버튼의 도금 상태와 같은 작은 디테일도 훌륭하다.

둘째, 화장실을 개선한다. 화장실은 하루에도 수차례씩 찾는 공간이다. 해우소라 하여 대소변을 보는 장소로서 기본만 갖춘다고 생각하면 안 된다. 조금만 신경 쓰면 향기로운 공간이 된다. 해우소 기능뿐 아니라 화장과 옷매무새도 고치는 품격 있는 공간으로 바꾸자. 이렇게 꾸미는 데 큰돈이 드는 것이 아니다. 공사도 쉽다. 주말을 이용하여 층별로 순차적으로 공사하면 그만이다. 리모델링하면서 공사를 할 수 있지만, 리모델링과 상관없이 아무 때나 공사할 수도 있다. 낡은 건물을 보유하거나 구입한 건물주는 리모델링에 앞서 가장 먼저 화장실부터 고칠 필요가 있다.

셋째, 옥상의 경우 방수에 철저하게 신경 써야 하고 물론 예쁜 정원으로 꾸미는 것도 좋다. 옥상을 거주자들을 위한 휴게공간으로 조성한다면 거주만족도가 높아 웬만해서는 떠나지 않는다. 정원이 어렵다면 최소한 방수작업은 10년마다 실행한다. 적어도 누수 문제는 없어야 하지 않겠는가. 방수공사는 평당 10만 원이면 된다. 물론 뒤에 소개할 수준 높은 공원을 꾸미려면 평당 100만 원 정도의 비용이 든다.

넷째, 5년마다 건물 외관을 청소한다. 우리가 샤워를 하여 몸을 청결하게 하듯 건물도 최소 5년마다 샤워를 시켜야 한다. 이때 발수제를 뿌려주면 방수에 좋다. 발수제는 외벽에 묻은 오물과 먼지를 제거한 후에 도포해야 한다. 그렇지 않으면 먼지가 미라가 되어 없어지지 않으니 주의해야 한다. 특히 외벽이 벽돌로 마감된 건물은 벽돌 틈 사이로 빗물이 침투할 수 있으니, 3~5년 주기로 청소와 발수제 도포를 시행해야 할 것이다.

다섯째, 건물 내부 청소는 주 2회씩 한다. 계단실과 화장실, 로비, 승강기 내부 등을 언제나 청결하게 유지한다. 관리가 잘되는 건물의 임차인들은 불만이 없어 쉽게 떠나지 않는다.

그 외에도 소소한 사안이 있겠지만 이 정도만 지켜도 공실 걱정과는 거리가 먼 건물주가 될 수 있다. 경기가 어려우니 사업 부진으로 떠나는 임차인이 생기겠지만, 그런 경우에도 이와 같이 예쁘게 꾸미고 관리가 잘 되는 건물은 새로운 임차인으로 금세 채워진다. 건물관리의 기본은 임차인 만족에 있다는 대원칙에 충실하자.

공실 퇴치를 위한
화장실 개선

요즘은 어떤 건물에 들어가도 어지간하면 현대식 화장실이 설치되어 있고, 가정에는 비데가 보편화되어 있다. 공용화장실은 또 어떤가. 고속도로 휴게소나 지하철역 화장실은 웬만한 호텔급이다. 관리가 잘되어 냄새도 안 난다. 외국인 관광객들이 가장 놀라는 것은 이렇게 훌륭한 화장실 사용료가 무료라는 점이다. 신기한 마음에 화장실 안과 밖에서 기념사진을 찍기도 한다.

세상이 이런 상황인데 1980~1990년대 준공된 서울의 건물 중에는 처음 설치된 상태 그대로를 문화재처럼 고이 보존하고 있는 경우가 있다. 다음 사진들은 필자가 빌딩 중개용으로 접수한 매물들을 답사하면서 촬영한 재래식 화장실 중 일부이다.

이와 같은 화장실을 방치한 채 임차인들이 자기 건물에 오래오래 머무르기를 바라는 건물주는 도대체 무슨 생각을 하고 있는지 확인해

오래된 화장실 모습

보고 싶을 정도이다. 자신은 비데를 사용하면서 임차인들은 개발도상국에나 있을 법한 비위생적인 화장실을 사용하기를 강요하며 공실 없이 임대가 잘되기를 바라는 것은 욕심이다. 이래서는 임차인들이 임대료 싼 맛에 들어왔다가 얼마 못 가서 떠나길 반복하는 건물이 될 수밖에 없다.

월급쟁이 10여 년 하다가 큰맘 먹고 독립하여 중소기업을 창업하는 사람은, 고정비용을 아끼려고 임대료가 저렴한 건물에 둥지를 틀 수 있다. 비즈니스가 잘되어 사원 충원이 필요하여 모집광고를 낸다. 이를 보고 찾아온 구직자들은 인터뷰에 앞서 화장실에 들어가 옷매무새를 고친다. 이때 위와 같은 화장실이라면 어떨까? 인터뷰고 뭐고 고민할 것도 없이 발길을 돌린다. 이런 화장실을 사용할 정도의 기업은 보나 마나 성공하긴 글렀다고 생각할 것이다. 아무리 모집광고를 내도, 온다고 한 지원자들이 정작 인터뷰 자리에 나타나지 않는 일이 잦아지자 CEO는 그제야 깨닫는다. 화장실이 좋은 건물로 이사 가야 한다는 것을. 이것은 실제로 있었던 일이다.

　건물의 이미지를 결정하는 요소는 결국 건물의 겉모습, 외관이다. 디자인이 멋진 건물은 세간의 이목을 끌고 호감을 높여, 임대수입이 늘게 만들고 건물가치를 높인다. 한편, 건물 내면의 이미지는 화장실이 결정한다. 화장실이 예쁘고 시설이 좋으면 호감이 급상승한다. 매일 4~5회씩 드나드는 공간이 상쾌하면 근무할 맛이 난다. 화장실을 개선하는 비용은 크지 않다. 층당 500~600만 원만 들이면 최신식으로 개선할 수 있다. 임차인들을 이사시킨 후 공사하는 것도 아니다. 주말을 이용하여 층 순서대로 공사하면 그만이다. 대수선은 큰맘 먹고 많은 비용을 들여 임차인들 거의 모두를 퇴거시키고 실행해야 하는 수고로운 미션이지만, 화장실은 건물주가 마음먹고 조금만 신경 쓰면 쉽게 개선할 수 있고, 공실걱정도 사라지게 하는 묘약이다.

개선된 화장실 모습

옥상정원 꾸미기

필자가 빌딩 매물을 답사할 땐 옥상 문이 잠기지 않은 경우에는 예외 없이 옥상을 둘러본다. 먼저, 옥상 위에서 펼쳐진 풍경을 감상한다. 다음으로 바닥면의 방수 상태를 살핀다. 옥상방수는 10년마다 한번씩 해야 한다. 어떤 건물은 준공된 지 30년이 지났는데 한 번도 방수를 하지 않아, 녹색 도장이 닳아 없어지고 바닥면 여기저기에 금이 가 있는 경우가 있다.

옥상을 꾸미기에 앞서 방수작업부터 주기적으로 해야 한다. 건물에서 가장 흔한 민원은 누수 문제인데, 누수는 창문의 틈에서 발생하기도 하지만 옥상방수에 문제가 있는 경우도 많다. 과거에는 옥상방수에 사용하는 도료 색상이 녹색 일변도였다. 한여름에는 옥상 표면 온도가 60도에 달하여 맨 위층 거주자는 여름에 찜통에 사는 것처럼 힘들었다. 녹색은 태양열 흡수를 잘하기 때문이다. 요즘에는 녹색 대신 회색 도료를 많이 쓴다. 열 흡수가 적어 한여름에도 옥상 표면 온도가 45도 정도에 그치기 때문에 덜 덥다.

옥상방수는 기본이되 이왕이면 보유기간 동안 옥상을 임차인들에게 휴게공간으로 제공함으로써 그들이 떠나지 않고 오랫동안 머무르게 하면 좋지 않을까? 생각이 짧은 건물주는 옥상 문을 평소에 걸어 잠근다. 임차인들을 위한 배려 없이 그저 관리상의 편리함 때문이다. 건물에 거주하는 사람들은 종종 머리를 식힐 휴게공간으로 옥상을 누릴 기본권이 원천적으로 박탈된다. 이런 작은 불만이 쌓이고 다른 사유가 겹치면 임차인들은 그 건물을 떠날 수 밖에 없고 공실이 발생한다. 그런 소문이 나면 임차인 구하기가 어려워져 건물주는 임대료를 내려 고객을 유인하게 되고, 건물의 노후화에 따라 임대료는 계속 내려가게 된다.

현명한 건물주는 옥상을 개방한다. 개방만 하는 게 아니라 옥상을 정원으로 꾸며 휴게공간으로 이용하도록 배려한다. 이런 건물주의 배려심이 임차인들에게 전달되면 공실 우려가 줄어든다. 건물을 매도하는 경우 투자자가 건물을 돌아볼 때, 옥상에 올라와 탄성을 지르는 경우도 있다. 생각지도 못했는데 작은 천국처럼 꾸며진 옥상정원을 보면 사고 싶은 마음이 생기는 것이다. 따라서 쉽게 좋은 가격으로 팔릴 수 있는 동인이 된다. 다만, 꾸미는 데 비용이 들기는 한다. 다음처럼 꾸미려면 대략 평당 100만 원 정도 든다고 보면 된다. 최대한 예쁘게 꾸미고, 개방하고, 관리하라.

예쁘게 조성된 옥상정원 이모저모

건물관리와
임대관리

투자자들 중에는 하루라도 빨리 노후 대비를 해야겠다는 급한 마음에, 매입 후 건물관리를 어떻게 할 것인지에 대한 고려 없이 매물 사냥에만 매달리는 경우가 있다. 그러다가 막상 마음에 드는 물건이 나타나서 매입하려고 보니, 건물관리에 대한 무경험 때문에 엄두가 나지 않아 매입을 망설이는 것을 종종 목격한다. 본인이 건물의 한 층에 살게 된다면 부딪쳐보면서 헤쳐 나가겠지만, 타지에 거주하면 관리인을 두기에는 건물 규모가 작거나 임대수입이 적어 어찌해야 할지 막막하여 고민에 빠진다.

그러면 건물 투자자가 20억~200억 원대 중소형빌딩을 매입하는 경우 맞닥뜨리게 될 건물관리의 항목별 대처방안을 하나씩 점검해보자. 건물관리는 크게 임대료관리, 공실관리, 공용부문 청소 및 쓰레기 처리, 승강기 및 소방 점검, 전기 및 공조시설 고장에 대한 대처, 정화조관리, 임차인의 고충처리 정도를 꼽을 수 있겠다. 각 항목별로 개략적인 대처방법을 살펴본다.

'월세 받아먹기'는 겉으로 보기에는 세상에서 가장 부러운 놀고먹는 한량처럼 보이지만, 알고 보면 '전생에 죄를 지은 사람의 업보'라고 푸념할 만큼 만만치 않은 미션이기도 하다. 악덕 임차인을 수차례 경험한 건물주들은 수시로 이와 같은 푸념을 내뱉는다. 지금까지 태어나서 월세를 주기만 해온 사람들은 도무지 이해하기 어렵겠지만, 건물주도 그 나름대로 애환이 있는 것이다. 어쩌겠는가. 그래도 다른 어떤 일보다도 월세 받아먹기가 상대적으로 쉽고, 노후가 보장되는 일이니 적극적으로 대처해보자.

임대료관리

임대료관리는 임차인에게 달려 있다. 월세가 밀리지 않고 달마다 제때에 착착 들어온다면 얼마나 좋겠냐마는 그게 쉽지가 않다. 임차인의 능력에 따라 체불이 있을 수도 있고 없을 수도 있다. 임차인을 들일 때마다 월세 지불능력을 검증하기 위하여 점쟁이를 불러다가 면접을 볼 수도 없는 노릇이다. 운명에 맡겨야 한다. 다만 체불이 2개월 이상 지속되고 또한 빈번하게 반복된다면, 그 임차인의 교체를 고려해야 할 것이다.

월세를 잘 받아낼 수 있는 묘안은 없다. 그저 밀릴 때마다 '악다구니' 좀 써야 한다. 싫은 소리를 듣고 싶어 하는 사람은 세상에 하나도 없듯이, 월세 지급이 불성실한 임차인에게는 사나운 불도그처럼 굴어야 한다. 그러면 임차인의 자금 집행 우선순위에서 월세가 첫손가락에 꼽히게 될 것이다.

또 다른 방법은 임대차계약 때마다 '제소 전 화해' 방식을 쓸 수도 있다. 이를 위해서는 임대인과 임차인이 함께 법원에 가 확인을 받아야 한다. 번거롭고 비용이 든다는 단점이 있지만, 3개월 이상 체불한 악덕 임차인을 소송 없이 쫓아내는 데는 매우 효과적인 방법이다.

공실관리

공실을 없애거나 줄이기 위해서는 건물의 외관, 로비, 화장실, 승강기가 쾌적하고 근사해야 한다. 입주회사의 직원이나 외부 방문객에게 이러한 부분의 이미지가 중요하다. 사무실 내부는 좋은데 화장실이 아직도 재래식이고 냄새가 난다면, 아무리 저렴한 임대료라 해도 떠나가고 싶은 마음이 가득할 것이다. 로비도 건물의 내부 이미지를 결정하는 중요한 요소이다. 승강기 내부가 어두운 조명에 철판도 낡고 지저분하면 어떨까? 남 보기 부끄럽다. 실제로 중소기업 오너들은 사무실을 얻을 때 이 부분도 고려해서 건물을 정한다. 다소 임대료가 높더라도 예쁘고 깨끗한 건물을 얻으려는 이유이다.

임차인을 구할 때 일부 건물주는 건물 외벽에 '임대문의' 표찰이나 현수막을 게시한다. 이 방법은 중개보수를 줄일 수 있다는 장점이 있는 반면, 공실기간이 길어진다는 약점이 더 큰 방법이다. 공실 발생 시 중개업자의 거래정보망을 통해 임차인을 구하는 것이 공실기간을 줄이는 데 훨씬 효과적이다. 어떤 건물주는 '임대문의' 표식을 건물 외벽에 걸어놓은 채 중개업소에도 의뢰하는데, 그런 경우 웬만해서는 중개사의 협조를 얻기 어렵다. 중개사가 고객을 현장에 안내할 때, 고객은 임대문의 표식에 적힌 전화번호를 보고 나중에 당사자끼리 연락하여 계약할 가능성이 농후하므로, 중개사는 길잡이 노릇만 할 뿐이라는 생각 때문에 관심을 끊는 것이다. 이런 일이 반복되면 공실 채우기는 하염없이 늘어질 수 있다. 월세의 절반 수준인 중개보수를 주고 공실기간을 줄이느냐, 그것을 아끼려고 수개월간의 공실을 지속하느냐는 건물주의 판단이다.

1년 열두 달을 공실 하나 없이 유지하기는 결코 쉽지 않다. 간혹 공실이 발생할 수 있다는 생각을 하자. 혹여 공실 없이 1년을 보내게 된다면 보너스라 여기자. 공실률 제로를 유지하겠다는 야무진 목표를 세웠는데 차질이 빚어질 경우, 이에 너무 예민하게 반응하고 골몰하다 보면 쉽게 늙는다. 행복하자고 빌딩부자가 되었는데 소소한 부분에 얽매여 스스로 불행을 자초한다면 무슨 소용인가. 큰돈 버는 데 신경 쓰고, 작은 부분은 대범하게 넘길 필요가 있다.

관리비

관리비는 건물 유지보수용으로 커버가 된다면 족하고, 혹여 그러고도 남아서 순수익으로 편입될 수 있다면 기쁨이라 여기자. 100억 원이 넘는 빌딩의 경우 관리비 비중이 임대료의 20% 정도를 차지하지만, 가격 50억 원 이하의 소형건물은, 승강기가 없을 경우 임대료의 10% 선에 그친다. 즉, 층당 임대료가 100만 원이라면 관리비는 10만 원 전후이다. 이 정도로는 청소비, 공용전기세, 유지보수비 등을 충당하기에도 빠듯하다. 낡은 건물이면 오히려 모자라기도 한다. 그렇다고 무작정 관리비를 올릴 수는 없다. 관리비는 인근의 경쟁 대상 건물과 비교를 해서 정해지기 때문이다. 승강기가 있다면 관리비를 좀 더 받을 수 있고, 리모델링한 건물이라면 신축급 건물에 준하여 관리비를 받을 수 있을 것이다.

청소 및 시설관리

건물 청소는 내부와 외부로 나누어 진행한다. 중요한 부분은 내부이다. 매입 직후에는 수년간 찌든 때를 말끔히 제거하는 대청소를 해보자. 이후부터는 공용복도와 계단, 화장실은 주 2회 정도 해주면 된다. 직접 하기가 어려우면 건물 청소를 전담하는 용역업체에 맡길 수 있다. 꼬마빌딩이라면 월 20만~30만 원이면 가능하다. 쓰레기 처리 문제도 청소부에게 처리하도록 하면 된다. 소형건물은 웬만해서는 건물 외벽 청소는 안 하는 경우가 대부분이지만, 가급적 5년마다 외벽 청소를 하는 게 좋다. 더구나 매도를 원한다면 내외부를 깔끔하게 손질한 후 매물로 내놓아야 할 것이다.

승강기나 전기 등 고장처리에 대해서는 매도인으로부터 잔금 시 관련 업체의 연락처를 받아두고 기존 업체를 이용하면 편하다. 정화조는 1년마다 정해진 달에 한 번씩 처리하면 될 것이다.

낡은 시설은 보완하여 예쁘게 가꿔보자. 복도와 계단 벽면이 구태의연한 흰색 페인트칠로 되어 있다면 비용을 조금만 더 들여 바꿔보자. 요즘에는 건물 페인팅 기법도 다양하다. 도장면에 은은한 점박이 무늬를 넣은 무늬코트라는 것도 있고, 예술품처럼 그려진 벽지 같은 것들도 많이 있다. 깔끔하게 타일을 부착하면 이상적이겠지만 돈을 많이 들이지 않아도 분위기를 확 바꿀 수 있다. 방문객들이 건물 안으로 들어와서 보게 되는 모든 공간을 깨끗하게 가꾸자.

건물 위탁관리

요즘 젊은이들은 남녀를 불문하고 벌레를 상당히 무서워한다. 바퀴벌레가 나오면 전쟁이라도 난 듯 비명을 지르고 난리를 피운다. 날파리 한 마리가 윙윙거려도 큰일 난 것처럼 오두방정을 떤다. 형광등 하나도 스스로 갈아 끼우지 못하는 젊은이들도 많다. 세입자가 젊은

이일 경우 말도 안 되는 소소한 일로 건물주를 부르는 등 피곤하게 구는 일이 있다.

건물주가 외지에 거주하는 경우에는 건물관리를 주변의 가까운 중개업소에 맡기면 편하다. 자신의 건물을 그 중개사가 독점 중개하도록 해주는 대신, 건물관리에 대한 제반사항을 관장하도록 하는 것이다. 임대차계약 때만 건물주가 나타나서 체결하고, 웬만한 소소한 것들은 이들을 통해 관리하게 하자. 공인중개사는 그 물건에 대하여 전속으로 중개할 수 있어서 좋고, 건물주는 소소하게 신경 쓰는 삶에서 벗어나서 좋다. 건물 규모가 좀 큰 편이라면 관리자를 고용하거나 건물관리 전문업체에 위탁할 수도 있다.

건물관리는 처음에는 막막해 보이더라도 막상 닥치면 다 하게 되어 있다. 인간은 변화된 환경에 기막히게 빨리 적응하는 동물이므로 너무 걱정하지 않아도 된다. 건물관리에 있어서도 적은 돈에 연연하지 말고 건물을 잘 가꾸는 데 과감히 투자하는 것이 중요하다. 삶의 질을 악화시키는 자잘한 임차인 민원이나 건물관리는 공인중개사나 대행업체 등에 맡기고 나의 행복 추구에 전념하는 것이 훨씬 좋은 선택이다.

　이 책을 끝까지 읽어보았다면 지금부터 빌딩주의 꿈을 품어보자. 꿈을 뇌리 속에 단단히 심어놓고 매일 자기최면을 걸자. "나는 반드시 빌딩주가 될 거야."

　꿈을 실현하기 위해서는 마음자세부터 달라져야 한다. 빌딩주가 되겠다는 뜻을 세우면 보다 성실한 사람이 될 수 있다. 성실한 월급쟁이는 승진이 빠르다. 절약정신도 몸에 배어 남보다 돈 모으는 속도가 빨라진다. 자영업자도 마찬가지이다. 본업의 성공을 위해서 좀 더 열성적으로 상품을 개발하고, 품질을 높이고, 홍보에 열을 올린다. 그러다 보면 자연스럽게 입소문이 나게 되어 있다. 문전성시를 이루면 꿈의 실현을 앞당길 수 있다.

　평소 경제동향에 촉각을 기울이고 소액 투자부터 재테크를 실행하자. 작은 물이 모여 개울을 만들고, 개울들이 모여 강을 이룬다. 돈도 같은 생리로 움직인다.

　2020년대 들어 지구촌에서 우리를 선진국으로 대우하고, 우리 문화를 따라하고, 우리나라로 여행을 오려 하고, 우리말을 배우려는 움

직임이 강해졌다는 사실을 피부로 느낄 것이다. 한다면 하는 민족이 바로 대한민국 국민이다. 우리는 근성의 DNA를 가진 민족이다. 전쟁 후 폐허에서 일어나 70년 만에 개도국에서 선진국으로 뛰어올랐다. 경제력뿐만 아니라 기술과 문화 등 모든 분야에서 세상을 리드하는 지위에 올랐다. 앞으로 한 해 한 해가 어떻게 전개될지 더욱 기대되는 대한민국이다. 향후 더욱 빈번해질 즐거운 상전벽해를 목도하고 문명의 이기를 즐기려면 건강하고 오래 살아야 하지 않겠는가? 매일 헬조선만 외쳐서는 루저로 남을 수밖에 없다. 남탓 하지 말고 내 손으로 운명을 개척하자.

선진 DNA로 충만한 우리나라는 자동차, 가전, IT, 조선, 석유화학, 건설, 패션, 음악 등 전 분야에서 글로벌 최상급이다. 이 책이 다루는 리모델링은 건설 분야다. 우리나라 건설업체가 세계적 명성을 얻게 된 작품들이 수없이 많다. 두바이의 부르즈 할리파, 카타르의 국립박물관, 싱가포르의 마리나베이 샌즈 호텔, 인천대교 등 초일류급 명작들이 셀 수 없이 많다. 리모델링도 건설 분야라고 보면 된다.

초일류 DNA가 리모델링에도 이어진다. 구조안전진단 기술과 시공 기술이 이제는 믿고 맡길 만하다. 눈대중이 아닌 과학이다. 이런 훌륭한 기술을 보유한 시공사들이 주변에 많다. 이들을 활용하여 우리의 부를 키워보자.

꼬마빌딩 리모델링은 서울에서 시작하려면 최근에 땅값이 많이 올라서 10억 원으로는 버겁다. 15억 원쯤 있어야 변두리 다가구주택이나 상가주택을 구입할 수 있겠다. 자금이 부족하면 일단 레버리지를 일으켜 잡아두자. 몇 년 지나면 그동안 자본 축적이 되어 있을 테고, 잡아둔 부동산의 가치가 상승하여 담보가치가 오를 것이다. 축적된 자본과 담보대출을 기반으로 리모델링을 시작하자. 서울이 힘들면 수도권으로 가자. 수도권에서 시작하려면 지역에 따라 10억 원 전후로도 가능하다. 지방으로 가면 5억 원으로도 가능할 것이다. 문제는 돈이 아니라 '할 거냐 말 거냐'이다. 그저 눈팅으로 남의 리모델링 작품에 대한 평론가 노릇에 그쳐서는 내 것이 안 된다. 작은 거라도 내 손으로 이루어야 내 것이 된다. 규모는 차차 키워나가면 된다.

백문이 불여일견이다. 한번쯤은 직접 리모델링을 경험해봐야 하지 않겠나. 내가 보유한 건물이든 앞으로 구입할 건물이든 즐거운 마음으로 시동을 걸라. 라떼식 표현으로 말하면 '통밥이 나온다.' 리모델링 사업 전반을 조망하는 시야가 생기고, 차기 리모델링에 대한 자신감이 차오를 것이다. 잘만 하면 본업보다 부업으로 리모델링업에서 일구는 수확이 더 클 수도 있다.

이 책을 통해 리모델링에 대한 지식과 정보를 얻고 실제 내 것으로 만드는 기회가 되기를 바란다. 당신의 건강하고 야무진 빌딩주의 꿈을 응원한다.

꼬마빌딩 레벨업 재테크

초판 1쇄 2023년 10월 6일

지은이 임동권
펴낸이 최경선
편집장 유승현   **편집2팀장** 정혜재

책임편집 정혜재
마케팅   김성현 한동우 구민지
경영지원 김민화 오나리
디자인   김보현

펴낸곳 매경출판㈜
등록 2003년 4월 24일(No. 2-3759)
주소 (04557) 서울시 중구 충무로 2(필동1가) 매일경제 별관 2층 매경출판㈜
홈페이지 www.mkpublish.com   **스마트스토어** smartstore.naver.com/mkpublish
페이스북 @maekyungpublishing   **인스타그램** @mkpublishing
전화 02)2000-2641(기획편집) 02)2000-2646(마케팅) 02)2000-2606(구입 문의)
팩스 02)2000-2609 **이메일** publish@mkpublish.co.kr
인쇄 · 제본 ㈜M-print 031)8071-0961
ISBN 979-11-6484-618-4(03320)